多くの樹木に囲まれている松隠亭

和室8畳から続きの間6畳を見る

和室8畳の本床。床柱は桐。床框はイチイ材。落掛けは春日杉。右の柱は面皮柱

和室６畳の床の間（洞床）。床脇に下地窓。左側柱は赤松皮付き丸太、右側はタモの８角名栗

和室７畳の床の間（龕破床）。左側は一本引きの障子が壁内に引き込まれる。床柱は北山杉天然絞り丸太

2階洋室の出入り口の木製建具。引違いの木製ガラス戸のデザイン。右側は洋室の床の間

3畳台目の茶室。床柱は赤松の皮付き丸太。中柱は良母の歪柱

入側の障子を開けると池である

2階のトイレ。左は女子、右は男子用。トイレの扉は舞良戸の引込み戸

1階廊下。アールの天井の仕上げは色漆喰。左の柱はカシの変木。右の柱は錆丸太。床は栗の無垢板

面皮柱と杉丸太の蟻壁鴨居との納まり。欄間はイチイの一枚板

玄関の斜め天井。野根板は黒部杉のへぎ板。小舞赤杉、垂木ヒノキの錆丸太。下り壁は杉の名栗、杢目の模様が美しい。欄間は櫛形

入側の鶴翼の天井の納まり。丸太と丸太の仕口に数寄屋大工の優れた技を見る

面皮柱と杉丸太の納まり。天井は春日杉の笹杢（銘木）。天井の圧迫感を和らげるために白漆喰の蟻壁を設ける。左の柱は赤松皮付き丸太

北山杉天然絞り丸太と天井の納まり。左の点前座の落天井に隠蔽型空調の吹き出し口が見える

タモ八角名栗の柱と蟻壁長押との納まり。蟻壁に空調の吹き出し口が見える。空調機は隠蔽型

1階の和室8畳の杉の面皮柱。床框（イチイ）と敷居（山桜）との納まり

柱は香節。障子の竪枠と柱の節に合わせて欠き込んでいるのが見える

岡崎の石切り場の奥で風雪に耐えていた景石。蹲踞の手水鉢は大船の植木畑で見つけたもの

外露地から内露地に、蹲踞を経て茶室に入る

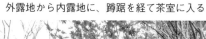

数寄屋の住まい

平野十三春
HIRANO Tomiharu

文芸社

刊行に寄せて　私たちの街に日本文化の潤いを

元中野区長　田中大輔

中野区の住民である平野十三春氏は、兼ねてよりお茶室を研究なさっておられます。このたび、区立の公園に接する敷地にお茶室と数寄屋建築の住宅をつくられました。その敷地の約半分が中野区立江古田公園に接している関係で、公園を借景として豊かな茶庭のある本格的な茶室をつくりたいという相談があり、一般にも公開するということなので、氏の負担により公園の一部の整備を行うことに協力いたしました。

完成した建物や庭を見せていただきましたが、土壁や天然の木をふんだんに使い、職人の手腕による日本の伝統技術を駆使した本格的な数寄屋建築です。氏は「何世代にもわたって住み続けられ、後世に残しておきたいと思われるような和風住宅をつくっておきたい」と言っておられましたが、全くその通りの素晴らしいでき映えだと思いました。また、敷地などを塀などで囲み閉ざすのではなく、公と民を樹木で共生させ、より良い環境をつくりだしています。公園の一部も茶室の外路地風です。マツ、モミジ、サクラ、カエデなど三十種類ほどの樹木を五十本以上植えておられます。なかでも、接道にイチイの木を列植されたのは、氏が北海道で生まれ育った由と伺いました。イチイは北海道ではオンコといいますが、私も同じ北海道出身なので懐かしく思いました。

中野区は文化施設の普及にも力を入れていますが、区の協力により氏がつくられたこの数寄屋住宅は、まさしく中野区が誇れる文化施設になることでしょう。中野区は駅前開発で学生や外国人が多く集う街を目指しています。それは日本の新しい活気のある街をつくることですが、こうした日本古来の伝統的な数寄屋の文化が加われば、さらに潤いのある落ち着いた街になると思います。

社会づくりは人づくりであり、人が集まって幸せに生きる安心な社会が基本であります。氏はその中心に住宅を据えています。多くの人が集まりたくなる住宅は人の絆が深まり人々を孤独にさせず、生き方を前向きにして幸せを感じさせます。高齢化社会を迎えるにあたって、このような住宅のつくり方や生活のあり方は非常に大事なことであると思います。

氏はこの著書で、日本の伝統的な慣習や行事がだんだんと失われ、人々の絆や地域とのつながりがますます薄れていく現状を憂い、かつての日本の家や日本人の暮らしについて論じ、その精神を取り戻すために数寄屋の魅力を再認識すべきと説いています。そして、数寄屋の素材や数寄屋をつくる職人たちの経験や伝統の技を実例で示し、職人たちをこよなく賛美しているところにも共感を覚えます。是非、ご一読されるようお薦めいたします。

目次

はじめに

数寄屋は一六世紀末期に登場し、桂離宮にみられるように、大名や貴族の別邸や茶室などの建築に用いられた日本独自の建築様式です。近代、ことに昭和初期には、数寄屋の手法を取り入れた住宅、別荘、旅館、料亭などが多く建てられました。建築家の吉田五十八（一八九四〜一九七四）や、村野藤吾（一八九一〜一九八四）、堀口捨巳（一八九五〜一九八四）らによって設計され、近代数寄屋として発展しました。

数寄屋の手法は、丸太や竹、土壁といった天然の素材を用いた造作で襖や障子などに柔らかで優美なデザインを施すなど、自然の風合いを持つ素材と意匠を大切にするところに特徴があります。随所に使われる銘木などの造作材やその納まりは緻密で瀟洒であり、磨かれた職人の技が数えきれないほど込められています。

空間構成においても、日本独特の生活様式を大切に継承し、自然と人を融合させ自然の変化を愛でる気持ちと日本古来の生活文化を大切にしています。

現代の住宅は、工業技術により規格化された量産建材で極度に合理化されて組み立てられており、機能性、経済性優先の画一化したものが主流となっています。その均一で無機質な器の中での営みは、人々の心のつながりを希薄にし、さまざまな社会的な問題を引き起こす原因ともなっているように思います。

古来から、日本の住まいは家族の様々な営みを通じて文化を伝承し家族や地域との絆を深めるものでした。現在の便利さや価格の安さを求めて大量に建設されている画一的な住宅は、日本の気候風土そして伝統的な日本の美から遠く離れたものだと思います。住宅建築に携わっている人が知識を重ね専門技術を磨きながらも、住まいに関する精神的な深いつながりに関心が薄く、物理的な豊かさや経済的なものさしを優先して目先の利益に振り回されてきたのではないでしょうか。求められるのは、住宅を社会学の視点から見直し、伝統的な日本の住居の良さを蘇らせ、新しい住まいと住まい方を再構築することであると思います。

住み心地の良い住まいとは、数寄屋づくりの美と技が凝縮された住宅であり、心の交流が出来る住宅だと思います。数寄屋の手法を取り入れた住宅の復活を強く願っています。

本書は茶室のある数寄屋づくりの住宅をモデルとして、現在忘れられている日本の伝統的住宅の良さについて述べています。

また、日本の家づくりにおいて、最も大切にしたい天然素材や建築技術が消えていくなか、それを守り続けている職人さんたちがいます。優秀な技術を持ちながら、その技術を生かす場がだんだん消えていくのは忍びないことです。松が丘・松隠亭の家づくりを通して、数寄屋大工、土壁や漆喰の左官、建具などの職人さんたちから伝統技術を始め、実に多くのことを学びました。そのことを職人と建築家との対話で綴っています。

このことを知ってもらいたいという思いが本書のテーマでもあります。

本書の写真はカラーページも含めて筆者が撮影。

第1章

和の住まいの表現

しきり――向こう側の存在を感じさせる気配の美学

最近の日本の住宅は、居間、食堂、寝室、個室がそれぞれ独立し、その用途も固定化されています。他人を招くことができる接客スペースはほとんどなく、個室の確保を重視した間取りになっています。核家族に合わせ、洋風の小家族でしか生活できない室内構成では変化のある使い方は難しく、個人主義的な生活空間を生み、プライバシーを優先するあまり、閉鎖的な住居になってしまっています。

こうした個室化の傾向に対して、現在では反省と批判の声が出てきています。個室は個人の分離と孤立を生み、必ずしも望ましいものとは限らないという議論です。特に鍵のかかる子ども部屋を疑問視する意見が多いようです。個室中心の閉鎖的な住まいからは家族の団欒が消え、社会とつながりを持たない家族中心の生活は、他人との協調性を欠き、精神的なゆとりを失わせているのではないかともいわれています。

また、都市部で建てられている細長い重層構造の高層マンションは、強固な壁で区画されている上に、地面から隔絶した高い空間で自然とのつながりも薄く、人の心を育むにはほど遠い感じがします。最近のさまざまな事件の発生は、このような閉鎖的な洋風住宅と少なからず関係があるのではないでしょうか。

部屋と部屋、部屋と外の空間をどう仕切るかは、住宅にとって重要なテーマです。空間の「しきり」は、西洋と日本、あるいは時代によって大きな違いがあります。西洋的な考え方でいう「しきり」は、強固な壁によって全く別の空間をつくることをいいます。それに対して日本の「しきり」は、物理的よりも空間的に仕切ることをいいます。物理的に仕切る場合でも、移動可能な簡易な間仕切りが多くなります。

日本の伝統的な家屋は軸組構造でつくられていて、内部の柱と柱の間を壁にすることは至って少なく、障子や襖、板戸などの建具で仕切ります。「しきり」は、仕切ってあっても簡単に取り払うことができるという考え方なのです。外部に対しても、自然を完全に遮断するのではなく、そこそこ取り入れながら仕切っています。鳥や虫の声、雨や風の音を全て排除するのではなく、うっすらと聞こえる音をむしろ好ましいと思う感覚を大切にしています。このように日本の住まいには、人と人との関係、自然と人との関係などをきわめて微妙に、また曖昧に仕切る意識が働いています。そこには近代的なプライバシー意識とは違った、他者と〝私〟の関係が存在していたと思います。

それは日本における人間関係のあり方を映し出しています。障子や襖は視線を遮りますが、影が見え物音がし、その向こう側の存在を気配として感じます。格子のように視線が通る建具であっても、行動が遮られていれば仕切られたことになります。「しきり」によって何となく感じられる「気配の美学」、行為や表現の背後になお深く感じられる「余韻」の風情を好ましいものとしています。仕切りの向こう側で起きていることを感じ取り、それが都合の悪いことであれば、仕切りのこちら側では、聞かなかったこと、見なかったことにします。そうした暗黙の了解も、日本ならではの感覚です。

西洋的な考え方では、プライバシーを守る空間は壁で囲われていなければなりません。日本で障子や襖で仕切られた場合にプライバシーを守るには、内側からフックをかけて鍵をかけます。四枚立ての襖の場合は、両端の柱と襖の間と、中央の二枚の襖に鍵をかけます。中央の二枚を一緒に動かせば、簡単に開けられるのですが、「外の人が手をかけて開かない時には開けてはいけない」という約束事にしたがって、開かないものとしています。

日本の「しきり」は、障子や襖のように建具で空間を遮断するものばかりではありません。欄間や下がり壁のように、視線の通る簡易な建具などで空間の一部だけを仕切るものもあります。欄間は明かりとりや空気抜けという実用性に加えて、その隙間から隣室の天井や様子を窺うことができます。仕切るだけでなく、二つの部屋をつなげて、より広い空間になるのです。何よりも間仕切りの構成が軽やかに感じられます。


日本の住まいでは床面にも「しきり」があります。玄関ではわずか一〇から二〇センチの敷居が外の人の侵入を防ぎます。ちょっとした段差によって空間を「しきり」、敷居から上がれば、その人はたちまち内の人になります。それだけに、簡単には靴を脱いで敷居を上がり内部空間には入れません。拒否や禁止を無視して上がり込めば、明らかに家宅侵入罪になります。

晩年の小津安二郎の映画には、玄関の硝子戸を開け閉めするシーンがよく出てきます。引違い戸をチリンチリンと開けて玄関に入ってから、「ごめんください」「こんばんは」と挨拶します。「どなた」「まぁ、おあがんなさいよ」と客を迎え入れ座敷に上げます。

　昭和三四年の作『お早う』では、新興住宅地の建売長屋の玄関に押し売りが入ってきて式台に座り、歯ブラシや鉛筆を並べ、ナイフで鉛筆を削りながら「買ってくれ」とすごみます。奥さん役の杉村春子は怖がりますが、強面のおばあちゃんは奥から大きな出刃庖丁を持ってきて、鉛筆を削りながら対応します。恐れをなした押し売りは、あわてて鉛筆を置いたまま退散するというオチです。面白いのは、その近くの団地に住む佐田啓二を訪ねた久我美子が、ドアをノックしてから開けていることで、洋風のアパートが昔ながらの家とは変わりつつあることがわかります。

　昔の家は、普段は鍵は掛かっておらず、玄関までは自由に入れて、許された者だけが座敷に上がれました。敷居という「しきり」からなかが内で、外と区別されていました。敷居を跨ぎ、外履きの履物を脱いで初めて家に入るのが、日本のしきたりでした。日本の家の内外は、敷居という「しきり」で分けていたのです。ですから、「敷居を跨ぐ」とか「敷居が高い」という言葉は、物理的な段差だけでなく、意識に関わる暗黙の了解になっているのです。

2階の和室7畳。上げ台目の茶室でもある。茶道口の先は水屋になっている。天井は舟底天井の化粧天井。磨き葭張り。小舞は女竹。垂木に芽付晒竹。磨き葭の丸窓に大工や左官の技が光る

ちなみに西洋の家には、敷居にあたるものはありません。錠を開けドアを開ければ、内部空間はたちまち外部空間に同化します。靴は脱がずに土足のまま、居間や食堂、寝室に向かいます。出入り口のドアは強固で、錠は頑丈にできています。

天井も「しきり」の一つです。特に茶室の場合は、天井のつくりの違いが「しきり」になっています。床の前は平天井[*1]、躙口のところは掛込天井、点前座の天井は落天井などというように、それぞれの天井のつくり方を違える場合があります。落天井は、部分的に低くして、亭主がへりくだって客より低い天井の下に座わることで謙虚さを示すといわれています。

茶室では座る場所にも、炉を中心にした空間的で複雑な「しきり」があります。貴人畳[*2]、客畳、亭主畳など畳の「しきり」によって座る位置が定められています。茶室には、これらの「しきり」を越えるごとに、いろいろな所作や作法に複雑な約束事があります。

このように茶室の空間は、目に見えない「しきり」によって非日常的な緊張感のある数寄屋という空間を演出しています。畳の上の立ち振る舞いを洗練させて行ったのが茶の湯です。畳の縁を踏まずといった歩き方などの所作は、茶室から多くの作法を学んでいます。

外部との「しきり」に縁側という日本固有の仕切りがあります。縁側は、建物の外でもあり内でもあるような曖昧な空間です。大抵は深い庇があり、内縁、外縁、濡れ縁などで庭につながり、人と人、自然と人のコミュニケーションの場になっています。

日本の家屋にはもともと窓は少なかったのです。床から天井までの開口部は障子と雨戸などの建具で仕切り、建具を開け放つと縁側は外部空間になりました。京都にある大徳寺孤篷庵には、小堀遠州[*3]がつくった「忘筌」[*4]という書院茶室があります。広縁[*5]、落縁があり、縁先には中敷居が入れられ、上部を明かり障子とし、下部を吹き抜いています。この吹き抜きの開口部を額縁と見立てて見る庭の風景は、一枚の絵のようで実に美しい。これは茶の湯の独自の美学がつくり上げた、内露地の風景を切り取った「しきり」の一つです。

自然の動きや虫の声などを排除せずに、ほどほどに取り入れて仕切るのが日本の住まいでした。開放して風が入る余地を残し明かり障子を閉めてほのかな光を取り入れ、陰翳の世界を演出するのは、日本の住まいの面白いところです。現代の住まいは、冷暖房の効率を上げてエネルギーを節約することを考え、壁には断熱性を高める材料を使い、開口部をできるだけ少なくし、密閉した部屋をつくることが多くなっています。もし、障子や襖などの仕切りが多く縁側がある和風住宅に住みたいと思うならば、かなり贅沢な間取りにし、優雅な心を持っていなければならないでしょう。

イギリス生まれでオーストラリア育ち、日本在住の外交官で学者のグレゴリー・クラークと、建築史家で建築評論家・作家である伊藤ていじが、「しきり」に関連するような興味深い対談を行っています。

クラーク　日本ですと、お客さんを「どうぞ奥へ」とかいって通すように、奥の感覚が重視されているように思うんです。

伊藤　そういえばそうですね。「奥義」「奥方」「奥の手」「奥ゆかしい」などという言葉などにも「奥」に対する日本人の特別な感情が良く現れていますしね。それから「奥」以外でも、内―外の感覚もだいぶ異なるような気がしますね。たとえば、日本では、知らない家へ行っても、最初のドアは開けてもいいんですよ。もちろん今はちがいますけども。昔の家の最初のドアは、だいたい鍵がかかっていない。それどころか開けてある場合もある。最初の部屋は、ふつう土間ですけれど、そこには第三者が入ってもかまわないことになっている。（中略）

それから、日本の場合は、内はそのまま家でもあるわけで、極めて人間臭い意味合いを持っている。しかも、門から入って、玄関まで行って、またそこのドアを開けて、開けると奥に通されて…、というような幾段階もの緩衝空間が重なり合っている。

クラーク　もうひとつ緩衝空間ということでいえば、言葉の面でも英語ではイエス、ノーがはっきりしていて、日本語のようにあいまいさを許しませんね。「まァ、そのあたりで…」などという答え方は、なかなかできない。

伊藤　日本人はひとつの部屋をいろいろな用途に使いますね。これは貧しいから、あるいは家が小さいからそうした場合もあるでしょう。ところが、平安時代の貴族もそうしていたわけですから、いちがいに貧富の問題に帰するわけにもいか

ない。やはり、日本文化のパターンの一つなんでしょう。（中略）

クラーク　私がいつも不思議におもうのは、先程も少し触れましたけれど、かつてあんなに素晴らしい建物をつくった日本人が、今はすっかり西欧化してしまったということなんです。これはどういうことなんでしょう。

伊藤　かつてのクラフト・マンが少なくなったこともあるでしょうね。もちろん、住宅事情もあるでしょう。ただ、日本人はまったく伝統を否定してしまうのでなくて、いつの時代も、伝統をのこしつつ、新しいものをとり入れてきた。今日だって、畳や襖と、ブラインドやテーブルが共存している。だから私はよく、日本の文化の姿は結婚式にシンボライズされているって、他の方にも申し上げるのです。男の人は洋服着で、女の人は着物着でやっても、だれも不思議に思わないでしょ。

出典『日本の美と文化11　書院と民家　間と札の演出』講談社

＊1　平天井、掛込天井、落天井　「平天井」は天井面が水平な天井。「掛込天井」は、庇が室内に貫入して、屋根裏の構成が室内から見える傾斜天井。「落天井」は、平天井に高低差をつ

けた二段づくりの低い方の天井。

＊2　貴人畳、客畳、亭主畳　「貴人畳」は茶席の床前に敷く畳で、貴人でなければ着座できない。「客畳」は貴人畳に続く、客の座る畳。「亭主畳」は亭主が点前をする畳。「点前畳」「道具畳」ともいう。

＊3　小堀遠州（一五七九〜一六四七年）は古田織部の愛弟子。寛永八（一六三一）年の五三歳の時に、徳川三代将軍・家光の茶道指南となる。武家的な感覚と知性で、後に「綺麗さび」といわれる美意識の世界をつくりだした。

＊4　忘筌　大徳寺孤篷庵客殿の西北部にある。一一畳の客座と点前座一畳の一二畳敷きに一間床を付した広さで、書院風茶室の代表的なものとして知られる。天井板は杢目を浮き立たせ胡粉を摺り込んだ、白く明るい砂摺天井。それ以上にこの茶室を特徴づけているのが縁の意匠である。広縁と落縁を備え、縁先に地上から一・四メートルほどの高さに中敷居を入れ、上には障子を立て、下だけ吹き抜いている。西日を遮ると同時に、縁先に手水鉢と低い石燈籠を配した内露地の景観を切り取り、座敷に引き込む独創的な空間構成になっている。つまりこの縁石の飛石、蹲踞《つくばい》、くぐりという草庵露地を座敷内に組み入れ、書院座敷と一体化しつつ、茶の湯に適した雰囲気を醸し出すなど、見事な工夫が凝らされている。

この斬新な意匠は現在の建築にも多く引用されている。

＊5　広縁、落縁　「広縁」は幅の広い縁側。「落縁」は一段低く設けた縁側で、雨戸より外の濡れ縁をいう。

茶の間――言葉には表せられない感情を受け止める場所

東日本大震災以来、日常生活における家族の愛情や近隣との親密なつき合いが大切であることを多くの人が再認識するようになりました。普段の何気ない恩愛の絆が、いざという時に心のよりどころとなり、頼りになるという基本的なことに気がついたからです。

日本の住宅には、家族や親しい間柄の内向きの団欒にふさわしい空間として、「茶の間」という部屋がありました。茶の間は日当たりが良く、できれば縁側が付いていて近所の人や親しい友人が縁先から気軽に上がりこんだりできると、より一層快適に感じられる空間でした。

茶の間は、家族が卓袱台《ちゃぶだい》を囲んで食事や団欒をしたり、アイロン掛けなどの家事をしたり、時には横になって音楽を聴いたりテレビを見たりする、くつろぎの雰囲気がありります。ごく内向きの気のおけない知人や友人の接客空間でもあり、曖昧で多様な機能が複合した、日本の住宅にはなくてはならない日常生活の中心であった空間です。

しかし、日本の生活が洋風化するなかで、最近の住宅には茶の間のない家が多くなり、次第に馴染みの薄いものになってきました。多様な用途を持つ茶の間が日本の住宅から消えていこうとしています。

茶の間に代わって登場するのが、リビング＋ダイニングの洋風の間取りです。茶の間を英語で表現するのは難しく、living room, family room, sitting roomと訳されますが、どれもしっくりきません。英米では家族がくつろぐliving roomと食事をするdining roomが分かれているので、茶の間にぴったり当てはまる言葉がないのです。

リビング＋ダイニングの洋風椅子式空間では、椅子やテーブルなどの家具に合わせて行動が固定されます。それぞれの場にいる人の目線の高さが違う上に、狭い部屋では椅子とソファーの高低差もアンバランスで落ち着かず、くつろいだ気持ちで食事や団欒をする雰囲気になりにくいのです。「まぁ、ちょっとここにお座りなさいよ」と、膝を交えて語る大事な話は、茶の間ならともかく、現代のリビング・ダイニングではなかなか切り出せません。

個人の都合を優先した携帯電話での会話や、目に見えない不特定の人とのインターネットでのコミュニケーションは非常に効率的で便利ですが、意思の疎通という点からすれば、たいへんドライに感じます。居酒屋に行っても、心の内を見られるのがいやで無礼講になれず、酒を飲まずにソフトドリンクですますというように、自分の気持ちを外に出さずに内にこもる若者が増えてきたのが気になります。

また、自宅であってもプライバシーを優先する個室中心の現代の住まいでは、個室のなかに閉じこもり、家族との会話も少なくなっているように思います。家族は社会の共同体の一員であり、共同体に対応して家族は生活しているのです。共同体から離脱して近所の人や友人との絆が切れた時、家族も人の心も崩壊してしまいそうです。

茶の間という座の空間は、親しい人たちとの接客の場であり、家族との交流のなかで、喜びや悲しみ、楽しさや苦しみなどを表情やしぐさなどから感じ取り、言葉には表せられない感情を受け止める場所として存在します。そこには恩愛の絆を育てる環境があり、住宅に必要な潤いのある豊かな人間関係を形成する場としての役割を担っています。茶の間がリビングルームとして洋風化された時に、その機能は失われ世間との絆も切れ、かつての「一家団欒」の雰囲気もなくなったのです。そこには、ここ十数年、二万人を超えて増え続ける自殺者や、老人の孤独死や無縁社会などの社会的な問題があるように思います。

二〇一〇年に出版されたＮＨＫ「無縁社会プロジェクト」取材班編集の『無縁社会〝無縁死〟三万二千人の衝撃』という本を参考に考えてみましょう。

女性ディレクターが話し始めた。

「ワーキングプアの時に取材した男性と連絡が取れなくなっているんです。頼る人もなく、どこかで一人亡くなっているかもしれない」

チーフディレクターはこう呟いた。

「つながりのない社会、縁のない社会、いうなれば〝無縁社会〟だよね…」

身元不明の自殺、行き倒れ、餓死、凍死。全国の市町村への調査の結果、こうした無縁死は年間三万二〇〇〇人に上ることが明らかになりました。ごく当たり前の生活をしてる人が一人、また一人、社会とのつながりを失い、孤独のまま亡くなっていくのです。

取材した事実は、二〇一〇年一月に、ＮＨＫスペシャル「無縁社会　三万二千人の衝撃」として放映されました。全国の記者やディレクターからの協力を得て、家族や地域、社会でのつながりが薄れるなかで起きている「働き盛りのひきこもり」や「児童放置」などの問題を、ニュース番組を始めさまざまな番組で伝えていました。ネット上には、三〇代、四〇代の比較的若い世代からも「私も無縁死するかもしれない」という書き込みが多かったといいます。

「家族がいるのに、高齢者が所在不明になる」

「介護が必要な高齢者と仕事のない息子が、親子揃って社会から孤立してしまう」

無縁社会。それは戦後七七年が過ぎ、高度経済成長期やバブルの時代を経て、成熟社会を迎えたといわれる今の日本で、まさに現実に起きていることなのです。さらに二〇年後、一人で暮らす単身世帯は全世帯の四〇パーセント近くに達する時代を迎えるといわれています。

私がこのような社会問題を取り上げるのは、家族の問題はその住まいのあり方と大いに関係があると考えているからです。住まいは単なるねぐらではないし、鳥の巣のように子どもを育てたら、その役目が終わるものでもありません。まして、核家族だけのものでもないのです。日本の家屋は幾世代にも亘って変わらずに存在するものであり、その核心に「茶の間」という全てを受け入れる母胎があると思います。

茶の間には常に家族を迎え入れ、寄り添う場所として準備されています。かつては用事があってもなくても、家族は茶の間に集まりました。なぜなら、そこは家族みんなが親しみを感じ、最も落ち着く場所だったからです。

山田洋次監督が選んだ「日本の名作百本」の家族編の映画がテレビで放映されました。山田監督は放映に先立ち、次のように語っていました。

今日ぐらい、家族のあり方について日本人が悩んだり、不安を抱いたりする時代はないいんじゃないか。もうこれ以上先送りはできない、という崖っぷちにいるように思います。この家族編五十作品のなかに、日本人の家族の歴史を見ることができるはずです。この五十作品の映画を見て、家族同士が、家族について話し合ってくだされば幸いです。どうぞ楽しんでください。

選ばれた五〇作品のなかには、『東京物語』を始めとする小津安二郎監督の作品が[*1]ありまず。小津監督は最も日本的な映画監督で、円熟期のほとんどの作品は家族の愛と別れのホームドラマです。庭に面した茶の間や座敷を舞台として、カメラをローアングルに固定し、登場人物の動きを追わず、人物の出入りは実際の生活場面と同様、演劇的に見ることができます。小津監督は、日本家屋の舞台的装置を利用した遊びを好んだように思います。

小津安二郎監督の映画に「紀子三部作」といわれる作品があります。昭和二四年『晩春』の紀子、昭和二六年『麦秋』の紀子、昭和二八年『東京物語』の紀子。三人の紀子は原節子が演じています。

『麦秋』では、間宮家と矢部家の茶の間で家族の様子が描かれています。

まずは間宮家で、医者である兄の同僚で近所に住んでいる矢部謙吉（二本柳寛）が訪ねてきます。ちょうど紀子と兄嫁の史子（三宅邦子）が九〇〇〇円もする高価なショートケーキを食べようとしているところでした。

謙吉　いいところに来ちゃったなぁ。いいんですか、これいただいて、今日何かあったんですか…こんなの、お宅ではちょいちょい召し上がるんですか…いただきます…高いんでしょうねぇ、これ。

紀子　うーん…安いの…ねぇ…

史子　安い安い…平気平気…

謙吉　うまいなぁ…紀子さん、おめでたい話があるんですってねぇ…

紀子　あ、そう…すてきねぇ、どこに…

史子　あんたにもあるって言うじゃないの…

たわいもない話をしているところに、二階から史子の長男が寝ぼけて下りてきます。

史子　隠して！

みんな、サッとケーキを卓袱台の下に隠します。

次いで矢部家にて。明日、秋田の県立病院の内科部長として赴任する謙吉に餞別を渡すために、紀子が矢部家を訪れます。謙吉は送別会からまだ帰っていません。謙吉には子どもが一人いて、母たみ（杉村春子）と三人家族です。たみは座って謙吉の旅支度をしています。秋田への赴任についての会話の後のことです。

たみ　実はねぇ。紀子さん、怒らないでね。謙吉には内緒にしておいてね。虫のいい話なんですが…あんたのような方に謙吉のお嫁さんになっていただけたら、どんなにかいいだろうって…そんなこと考えたりしてね…ごめんなさい。こりゃ、あたしがお肚ン中だけで考えた夢みたいな話…

紀子　ほんと、おばさん…ほんとにそう思ってらした…

たみ　だから怒らないでねって言ったのよ…

紀子　あたしみたいな売れ残りでいい…私でよかったら…

たみ　ほんと…ほんとね…ほんとにするわよ…ほんとね…まぁよかった…

たみはにじり寄って、紀子の手を両手で握りしめ、うれし涙を流します。

『麦秋』の茶の間や座敷では、近所の子どもたちが大勢遊びに来て列車ごっこをしたり、知人友人たちが気楽に訪ねて来て何気ない世間話をしたり、親戚の人が泊まりがけで来て家族の将来について話し合ったりしている様子が描かれています。互いの信頼関係が厚く、ほほえましい姿を映し出しています。このような人々の愛情をしっかり受け止める包容力が茶の間に、そして日本の住宅にあったのです。

小津監督の紀子三部作の時代は戦後間もなくの頃で、日本中が貧乏な時代でした。『東京物語』と同じ昭和二八年には溝口健二監督の『雨月物語』も発表され、同時期の木下恵介監督の『日本の悲劇』も名作でした。

『日本の悲劇』は、戦争未亡人の家族の悲劇を描いた作品です。母と二人の子どもの三人家族はそれぞれ別々に住んでいて、意思の疎通に欠けた生活をしています。母（望月優子）は子どものために必死に働いて、娘を英語塾や洋裁学校、息子を医科大学に通わせますが、やがて娘や息子は、お金のためになりふり構わず生きる母の貧しさやその性癖を恥ずかしいと思うようになり、母を軽蔑し、利己主義的にそれぞれの自分の道に走り、母親を見捨ててしまいます。この映画で描写される家族の断絶の姿は、現在の日本の社会にどこか重なるような気がして、考えさせられます。

映画評論家の佐藤忠男は、小津監督の映画について、こう述べています。

小津安二郎の映画では食事の場面では寿司屋やおでん屋、旅行に出れば京都の寺の縁側、そしてもちろん日常生活は畳の部屋でと、日本的な場所が活用された。だから日本趣味の監督と見られた。日本的な生活の美的な様式を大いに賞揚したと考えられた。じじつ私の友人の外国人の映画関係者たちはみんな、日本家屋で接待すると小津の映画の中に入ったようだと言って喜ぶ。（中略）

小津がつくりつづけたようなホームドラマは、今日、日本の劇場用映画においてはすでに、ほとんど滅び去ったと言ってよい。劇場用の映画は、映画産業の衰退とともに刺激の強い暴力的な作品やエロチックな作品が主流となり、静かな家庭の日常を素材とした映画など、ほとんど存在する余地がなくなってしまっている。そして、ホームドラマは、いまや、テレビにおいて全盛をきわめている。しかし、テレビのホームドラマも、かつて、小津や成瀬巳喜男がつくっていたような淡々たる作風ではなく、たくさんのタレントがかん高い声をはりあげて仰々しくかけずりまわるといったものが大多数である。小津の映画のような味わいは、これからは、もはや、個人的なホーム・ムービーのような世界でしか受け継がれてゆかないのかもしれない。しかし、いったんそのかたちは滅びたように見えても、その映画の精神までがまったく失われてゆくとは思われない。小津の映画には、たしかに、映画表現のひとつの真髄と呼べるものがあったのであり、その形式と意味について、私は語らなければならない。

出典『小津安二郎の芸術』佐藤忠男著　朝日新聞社

建築的な目で日本の映画を見直してみると、茶の間や座敷は、畳での生活の動作で日本的な立ち振る舞い、つつましい身振り、慎み深くて遠慮深い他者への配慮など、日本人をどこまでも美しくなるように工夫していることに気づきます。

例えば、畳に敷く座布団一つとっても、その大きさやデザインの多様さ、客への座布団の薦め方や配列への配慮は、常に日本人が一番美しく見える姿勢や並び方に気を配った結果だと思われます。くつろいだ状態で使う場合には、移動自在の座布団の本領が発揮されます。その場にいる者同士が、互いに視線を正面から交えることなく、共に庭を眺めたり、床の間の掛軸や生け花を鑑賞したりして、互いのしぐさや時折見せる表情のなかから微妙な感情が以心伝心するような座り方を教えてくれます。

茶の間の障子の組子の幾何学的な模様や襖の唐紙の紋様は、室内の造形美を一層際立たせ、縁側や庭とつながって一枚の絵のように美しく感じさせてくれます。小津監督は、こうした和室の造形美を映像の構図として的確に捉え、その陰翳をローアングルで印象的に描写しています。

このような日本的な美意識を洗練させた座敷、寛容やくつろぎの空間としての茶の間は、最も日本的な生活の美的な様式を持っていて、日本の生活文化の素晴らしさを象徴しているといえるでしょう。小津監督の作品は、六〇年経った今でも風化していません。それは、茶の間や座敷という日本間の美的空間のなかで映し出される家族の佇まいや会話が、私たちに落ち着きと安心感を与えてくれるからでしょう。それは失われていく大切なものへの惜別なのでしょうか、それとも憧憬なのでしょうか。

戦後、日本の住宅は洋風化し工業化され、夫婦と子どもからなる核家族のための住宅になりました。長い時間をかけて培われてきた日本の伝統的な生活スタイルが失われ、効率性や利便性を優先するだけの生活スタイルに代わってしまいました。

大家族制の社会から核家族への社会変化は、家族の愛情についても大きな変化を生じさせました。大家族制の時代は、ゆとりのある住居環境で社会とつながっていて、家族の愛情について言葉で語る必要のない時代でした。核家族化した住まいは、接客空間が少ない間取りで社会とのつながりが薄く、家族の絆は閉鎖的にならざるを得ません。核家族は新しい核家族に分裂し、少子高齢化の進む現在では、育児や高齢者の依存問題について大きな社会問題を引き起こしています。また、一方で、年金制度が整い介護保険制度が導入されて、高齢者の扶養・介護に関しては、家族だけでなく、国や地方自治体および高齢者自身が責任を持つという意識が普及し始めていることも事実です。つまり「子どもが親の面倒を見なくてもかまわない」という風潮もあります。

マイホーム主義や核家族化は、人々が安心して支え合う基盤が非常にもろく、特に高齢者を支える家族関係は壊れやすくなっています。いや、現実にはすでに壊れているといってもいいでしょう。もともと家族同士で愛情について語り合う言葉を持たない日本人は、言葉にならない言葉で家族崩壊の危機を察知し、言葉にならない言葉で家族の優しさや思いやり、安らぎの重要さを表現していたのです。今、大家族による和風住宅の再構築、なかでも「茶の間」の重要性をひしひしと感じています。

＊1　小津安二郎の映画について　小津安二郎監督の遺作となった『秋刀魚の味』（一九六二年）のヒロイン役を演じた女優の岩下志麻は、二〇一三年一月号の『文藝春秋』に次のように書いている。

失恋して落込む場面です。好きだった男性がほかの人と婚約したことを知り、一人二階に上がって机の椅子に座るという場面で、小津監督は巻尺を使うとおっしゃった。巻尺を左手の指に二回半巻いてフワッと戻し、つぎには右に二回半まわしてフワッと戻す。ちょっと間があって、また左手の指に三回巻く。簡単なようですが、何度やってもOKが出ません。朝九時開始で、仕事終わりの夕方五時まで一日中、やり続けました。先生はどこが悪いとおっしゃらなかった。テストは百回以上だったと思います。（中略）「秋刀魚の味」が終わってお食事を一緒にしたときのことです。先生が『志麻ちゃん、人間の喜怒哀楽は、そんなに単純なものではないんだよ』とおっしゃった。たび重なるNGの意味が、ストンと了解できた瞬間でした。

わずか三〇秒足らずのシーンであるにも関わらず、一日かかっても納得するまで撮り続ける小津監督の凄さがうかがえる。二〇一二年に英国映画協会発行の『サイト・アンド・サウンド』誌が発表した、世界の映画監督が選ぶ最も優れた映画に、六〇年も前の小津安二郎監督の『東京物語』が選ばれたというが、その作品づくりにかける思いや情熱の深さが伝わってくる話である。

座　敷――ハレとケが一体をなす日本文化の象徴的存在

座敷といえば、それはまさしく畳敷きである和室を指します。そこでは日常的な立ち振る舞いの美しい所作が育まれ、上品で豊かな生活文化が育成されました。

畳は、日本人に「座礼《ざれい》」という座っている時の礼儀作法を身に付けさせました。座って戸を開け閉めし、室内に一礼してから入室する挨拶に始まり、床の間の画幅や墨蹟、野に咲く一輪の花の座敷飾りの一つ一つに情趣を求めました。客をもてなすことを前提とした座敷には、それとなく敬いの気持ちを抱くことにおいて、また、座しての動作や姿勢においても、畳の上で美しい作法が躾けられています。

その座敷を日本の文化性の高い建築的佇まいに洗練させたのは、茶の湯であり茶室でした。それは四畳半以下の小間でなされましたが、そのまま広間にも応用され、最も一般的な座礼の伝統として現在の座敷に生きています。

私たちの住生活は、家族だけの生活で成り立っているのではありません。目上の来客や親しい人との交流など、さまざまな接客と儀礼のしきたりがあり、それを通じて社会とつながっているのです。さらに、葬式、法事などの仏事、節句など四季折々の節目の祝い事や祭り、盆や正月行事などがあり、多くの集いが催されます。

座敷は、常に接客ができるようにつくられた住まいのハレの場です。また、接客以外にも稽古事や暮らしの行事などで会食の場になり、自由気ままな家族団欒の居間として内向きの場にもなります。時として寝室にもなります。接客と私的生活が表裏一体をなし、いつでも客を迎えうる備えを持ち、同時に私的生活に潤いをもたらす仕組みがあるところに座敷の妙味があります。それはまさしく日本文化の象徴的存在といってもいいでしょう。

生活は日常「ケ」と非日常「ハレ」のリズムある繰り返しで営まれており、住宅はそれに柔軟に対応しなければなりません。座敷を持つ住宅はそのことをよく心得ているといえます。日常あまり役に立っていないようにみえる部屋が、いざという時に大きな役割を発揮するのです。座敷は、住む人が自分の嗜好に応じてさまざまに使える余分の部屋という役割を持つことで生活に幅を与え、工夫ある個性的な住み方ができるようになっています。部屋によっては近隣とのコミュニケーションを図る要所にもなります。これは、座敷の大きな存在意義でもあります。

続き間を設けることで、座敷はさらに多機能化します。接客に使われる座敷の襖を開けて取り払うと次の間が現れ、ひと続きの大きな畳敷きの空間に変貌します。江戸時代には続き間は対面の場で、奥の主室は来訪者よりも身分が高い主人の場でしたから、来訪者は玄関から入り、下座である次の間に座りました。これが三部屋続くこともありました。

戦後の住宅難や経済的余裕のない時代に、それまでの日本住宅の接客本位の構えが否定されました。家のなかの最も良い場所に座敷や応接間を置く平面計画は、接客重視であり、家族の生活を軽視している封建制の遺物だと攻撃されたのです。

声が筒抜けでプライバシーが守れないなど、「個」を尊重する観点から従来の日本住宅は不完全とされ、「床の間を追放しよう」「玄関という名をやめよう」という動きがありました。そして「床座から椅子座」「食寝分離」「就寝分離」など都市生活者を中心とした新しい時代の住宅像が提案され、日本住宅のその後の命運を決するような

1階の和室８畳。障子は雪見障子。欄間障子の横組子はアールにデザイン。竪組子は吹き寄せ。天井は竿縁天井で天井板は杉中杢の無垢板。羽重ね張り

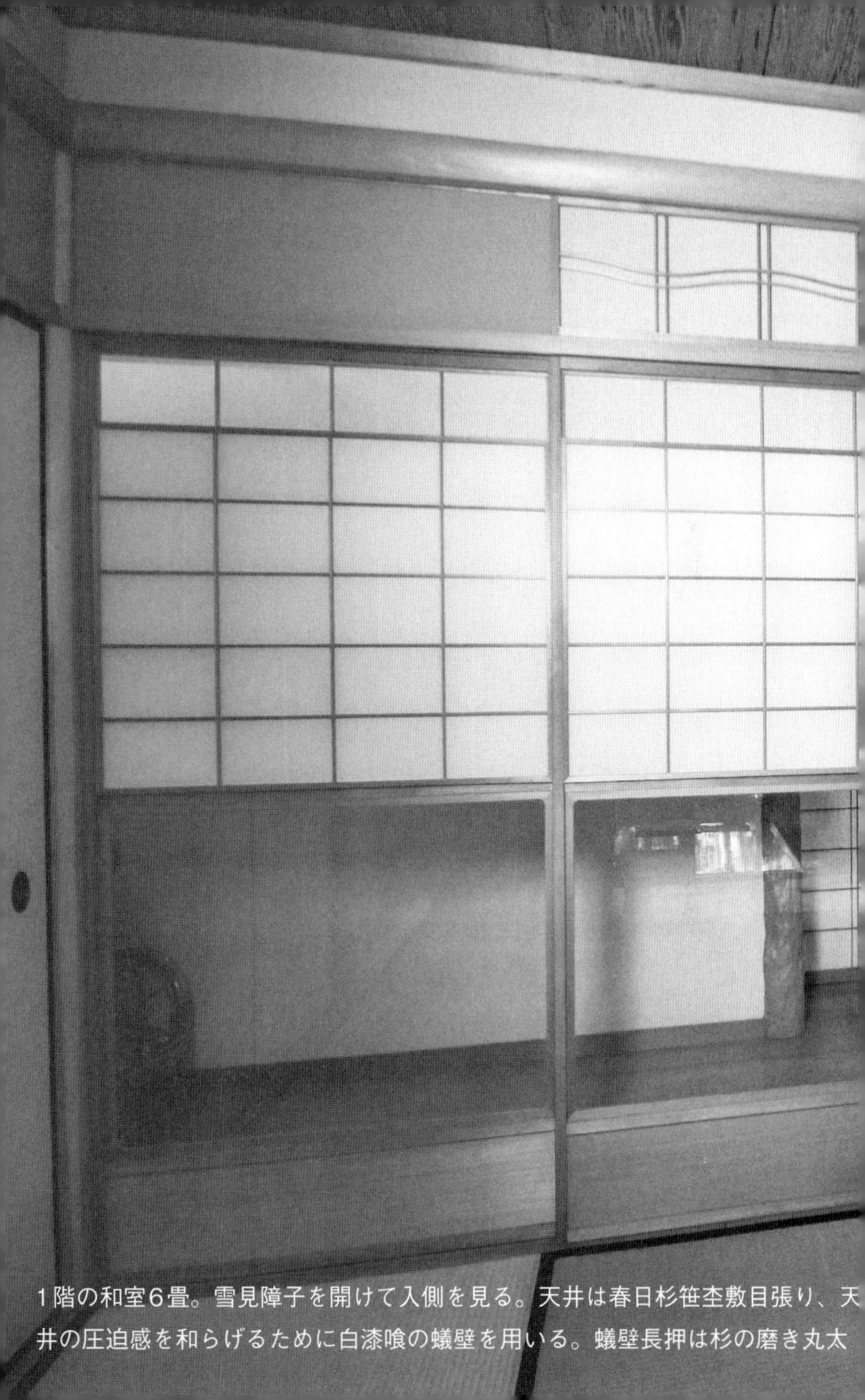

１階の和室６畳。雪見障子を開けて入側を見る。天井は春日杉笹杢敷目張り、天井の圧迫感を和らげるために白漆喰の蟻壁を用いる。蟻壁長押は杉の磨き丸太

重要な計画が進行しました。それは、日本古来の伝統的な意味を持つ「家」としての住宅ではなく、民主的な社会の存在基盤の一つであると捉え、住むための機能的な装置としての住宅の実現を目指したのです。そして「座敷」は消え、洋風居間を中心とする住宅が生まれました。

戦後七十数年が過ぎた今でも、その当時と同じｎＬＤＫ（リビングルーム、ダイニングキッチン＋個室）の間取りで椅子座に住まうスタイルの閉鎖的な洋風住宅に住んでいるのです。鈴木成文東大名誉教授は、一九八四年の論文で次のように述べています。

しかし洋風の居間（リビングルーム）が果たして接客用として十分に機能したであろうか。改まった客を通すことを意識してきちんと整えられた居間は、家族のくつろぎ、とくに小さい子のいる家庭の日常のくつろぎには馴染みにくい。また、くだけた日常生活にふさわしい居間は不意の来客に適さない場合が多い。（中略）

封建的な名のもとに追放されようとした接客は、考えてみると古今東西を通じ人間の住居の本質的な機能の一つではあるまいか。人間が社会を作る動物である以上、社会と接すること、我が家に他人を迎え入れることは、生きる上での最も重要な行為であり、住居から追放するわけにはいくまい。追放しようとしても閉鎖的な付加物として復活する。むしろ新しい接客様式を追求し、住居の対社会性を高めることこそ試みられるべきであろう。

出典『鈴木成文住居論集　住まいの計画・住まいの文化』鈴木成文著　彰国社

また、株式会社日本設計の創設者で、日本初の超高層ビルである霞が関ビル、京王プラザホテル、長崎オランダ村とハウステンボスなどの設計に関わり、晩年は自然と共に暮らす未来志向のまちづくりに取り組んでいた池田武邦は、次のように述べています。

明治維新後、日本の近代国家建設を理念とした明治政府以来、日本における建築教育は、東京帝国大学（現東京大学）をはじめとして西欧の近代技術文明を基礎とした建築がその主流をなしている。私自身大学で建築を学び始めた一九六四年以来今日に至るまでも、その基本はほとんど変わっていないといってよいだろう。いいかえれば、日本における近代建築教育は、日本古来の文化としての建築とはまったく断絶して、西欧建築技術の導入によって新しく誕生したという、日本独自の特異な歴史を抱いている。

本来、合理主義にもとづく近代技術文明は、固有の土地に束縛されないきわめて普遍的な性質をもっている。その近代技術文明から生まれる近代建築は、科学技術の進歩に伴い、土地固有の気候風土から開放された自由な人工環境を創出することが可能となってきた。極端な例は、人工衛星の如く空気のない宇宙空間においても生活可能な環境をつくり出すことができるようになった。したがって、これらの技術を駆使する近代技術は、一歩誤ると建築が本来内在しているべき風土に根づき歴史に培われた文化的側面がないがしろにされ、人が便利に機能的に住むための形の良い装置として設計されることになりかねない。(中略)

しかし、こうして私自身、より良い建築、社会環境をつくり得ると信じてひたすら推進してきた近代建築や近代都市の建設は、半世紀前の日本の風景をことごとく変え、物質的繁栄と引き換えに日本の自然を破壊し、私たちの先祖が築いてきた文化的遺産を惜しげもなく捨て去ってしまった。

今日の環境問題や、急増する忌まわしい青少年の社会問題などは、住居や集落における精神的空間をないがしろにした戦後の建築や都市計画の在り方と、決して無関係とは言えないのではないかと私には思えてならない。

出典『大地に建つ　二〇〇年後の建築家と子どもたちへ』池田武邦著　ビオシティ

「住宅は住むための機械である」といったのは、近代建築家のル・コルビュジエです。近代合理主義を背景に、内部は個々独立した部屋に区切り、その仕切りは厚い壁と頑丈なドアによって隔てるプライバシーを重視した住宅などを次々に発表しました。彼の西洋における個人主義的な考えや機能主義の思想が、日本の住宅に大きな影響を与えています。

また、戦後の日本の住宅は、当時の住宅事情に応え、戦災で家を失った人々に大量に安価な住宅を供給することを目的とした画一的な商品住宅であったのです。ちなみに戦後の公営住宅の「2DK」という平面計画は、一九世紀のヨーロッパの労働者住宅の間取りに酷似しています。二つの部屋とダイニングキッチンという2DKの間取りは、その後、リビングルーム、ダイニングキッチンを中心とするnLDKとなり規模も大きくなりますが、個室中心の洋風住宅のスタイルは、現在も変わらず日本の標準的な住宅になっています。

この閉鎖的な個室中心の住居は、私たちの生活に余裕をなくし奥深さをなくし、住宅本来が持つ精神的なものをなおざりにして、情緒的で豊かな建築の文化的側面をほとんど切り捨ててしまったのではないかと私は考えます。風土に根付いた文化的要素を容赦なく断ち切ることによって、戦後の日本の近代化は推進されてきたともいえるのです。

近代の生産手段や工業化によってつくられる住宅は、機能性や効率性を重視し、質的・量的に画一化が必然となります。このことから住宅は住宅メーカーによって商品化され、自動車などの耐久消費財と同じように、全国どこでも同じ住宅が商業的につくられて販売されるようになったのです。

また、住宅の考え方とつくり方は、その家族の趣味と嗜好によって決められています。地域とのつながりを断ち、他人を招くことのできない家族中心のもので、一代限りの非常に短命で低価格の薄っぺらな住宅になっています。明治以降、西洋合理主義によって近代化が推し進められてきましたが、その延長戦上に金に振り回されたバブルがありました。私たちはその過程で、多くの大切なものを失ってきたように思います。

現代の住宅は現代社会と同じで、昔に比べて格段に豊かになりましたが、満たされるものがないという状況にあります。それは家づくりの考え方に、人間本来の営みである人と人、自然と人との共生による豊かな文化の大切さが欠落してしまったからではないでしょうか。言い換えれば、自然を大切に思う日本の文化、他人を思いやる思想や「和」という日本の精神を見失っているからだと思います。

住宅は、日本の風土文化に根ざしたものでなければなりません。日本住宅の特質は、自然と人間の関わりを大切に考えること、住宅の開放性を重要な要素として考えることにあります。例えば、住宅の通風換気は日本風土においてきわめて重要であり、その善し悪しは人の精神や健康、住まいの快適性、安全性、耐久性まで強く左右します。

本来、日本の家は、どの部屋も隔壁や戸締まりによって他の部屋と隔てられている意識がなく、襖や障子で仕切られていても、それはただ相互の信頼によって仕切っているだけで、開けることを拒むものではありません。すなわち個々の部屋の区別はないのであり、そこには座敷を中心にした多様で豊かな空間があるのです。住宅にとって大きなテーマは、家に風土性を恢復することであり、自然や社会との関わりを持ち、開放的で余裕があり精神的にゆとりのある豊かな空間をいかにつくりだすか、ということだと思います。

幸い日本には、「座敷」「床の間」「茶の間」「縁側」という住宅文化の伝統があります。座敷は、封建的、因習的あるいは無機能的だとして、ともすれば排除されがちでしたが、それが持っている意義について、しっかりと再考されるべきでしょう。

日本文化における格式の表現に、「真」「行」「草」という三つの段階があります。書道では「楷書」「行書」「草書」というように、基本となる楷書から行書、草書になるにつれ形を崩しながら簡略化されていき、格式が略されていく様をみることができます。

和風住宅では、書院づくりから田舎家風の草庵茶屋まで、「真」「行」「草」のさまざまな好みの座敷がつくられています。もし一本調子で構成されていたら変化がなく窮屈で、美しさの乏しいものになってしまうでしょう。これらがバランス良く配置されていることで、変化のなかの秩序が保たれ、気持ちの良い生活のできる住まいになります。住宅の場合、格式の高い書院づくりの「真」よりも、数寄屋づくりの「行」の方が現代的で意匠的にも面白いと思います。なお、小間の草庵茶室は「草」でつくられます。

座敷の意匠については、簡素で瀟洒であるといいでしょう。

柱は面皮柱か丸太を多く使います。主要な部材は杉や松や檜などの国産材を用います。竹も用います。天井はあまり高くせず、天井材の垂木は小丸太や竹を多用します。天井板には杉の枌《へぎ》板や葭、蒲なども使います。長押はなくてもいいのですが、付ける場合は丸太を加工したものを使うと面白いでしょう。欄間は筬《おさ》欄間や彫刻欄間は使わず、一枚板などの自由な意匠とします。座敷には必ず床の間を設けます。床の間はあまり形式ばらずに自由な意匠とします。床脇の飾り棚はあまり重要とは考えません。壁は土壁や漆喰などの塗り壁とし、間仕切りは明かり障子や襖とします。明かり障子は組子を細くし多様なデザインにします。襖は本襖として、上紙は鳥の子や唐紙を用います。座敷には続き間があり、広い縁側があり、庭に開放され自然と溶け合っているといいでしょう。

住宅は、このような数寄屋普請の意匠で、開放的で生活美学が窺える数寄の座敷で構成されることが望まれます。[*1]松が丘・松隠亭では、天然素材やこうした意匠をふんだんに取り入れています。

数寄屋普請の住宅をつくるには、熟練の大工職人や左官職人の技が必要です。また、建主が参加してつくることが大切です。吟味された材料と職人技でつくられた住まいは、年数が経てば経つほど熟していき、幾世代にも受け継がれ、自然と人、人と人の結びつきをより強くします。さらには日本の風土文化に根ざしたものになっていきます。それが私たちの生活をどんなに豊かにしてくれるものであるのかは、計り知れないものがあります。

数寄屋風建築の和風住宅、つまり「数寄屋住宅」は、無機質な硬い箱ではなく、有機質の柔らかい天然素材でつくられます。柔軟でしなやかな融通のきく室内空間は、住む人の個性を尊重し、その人の感性を豊かにしてくれます。

和服でも、普段着より訪問着の方が高価だとは一概にいえません。手織りの結城紬の着物は普段着で訪問着としては使われませんが、絹糸を使ったどの訪問着よりも高価で、着こなしも難しいとされています。それを良しとして何世代にも着継がれていくところに日本の文化があるのです。

＊1　松が丘・松隠亭　筆者が考えてきたこれからの住まいを実践する場となった茶室併設の数寄屋住宅。東京都中野区にある。

床の間——純粋な美的空間ともいうべき日本住宅の象徴

正月の床飾りは結柳《むすびやなぎ》*1が慣例となっています。三メートル以上の長い枝垂柳《しだれやなぎ》が一巻きして床畳に垂れ、年の初めの寿を装う。初春を祝う床の間の演出です。

日本の座敷には床の間が付きものでした。床柱を背負った客と対話する客間や、主人の背景に権威を示す舞台装置としてつくられてきた床の間は、封建社会の上下関係を表す家父長制度を象徴するものとして攻撃され、戦後は「床の間を追放しよう」という意見も多く、あっけなく住まいから消えました。ついでに座敷も消えてしまったのです。

日本の住まいは戦後急速に洋風化しました。終戦後、全国で四二〇万戸といわれた住宅不足に対して、建設された公営住宅に採用されたのは、コンパクトで合理的な暮らしができる洋風の間取りでした。畳の部屋はあっても床座から椅子座に変わり、さらに個室中心のｎＬＤＫスタイルの住宅に移行していきました。それらはいずれも見かけの美しさは満足させましたが、なんとなく薄っぺらで奥行き感がなく、心を揺さぶるような重みに欠けていました。何か大事なものが抜けているのです。

日本人は昔から変わらず、いずれは専用の庭を持つ戸建住宅に住みたいと思っています。日本の住まいには、自然と共生し、時の移ろいを大切に思い、自然と折り合いをつけながら過ごす無常観が底流に流れています。その家に住む人間にとって、家のなかで一番大切であり一番力を注ぐべきは、そこに住む人間のための空間だと思います。その最も大切な装置は和室における床の間ではないでしょうか。人々の住まいへの憧れの根底にあるのは、床の間のある和室であり、和風住宅なのではないかと私は考えています。

和室はシンプルでピュアな空間です。「飾ること」は床の間でしかできません。床の間には時節の節目ごとに自然と折り合いをつける諸々のものが飾られます。当然それらには、それぞれの意味があります。床の間は、住まう人が四季折々の飾りつけを楽しむ場所であり、それを通して心豊かな知識も高められる空間でもあるのです。床の間のある和室は、その家の格として表れるものですから、純粋な美的空間として、また、客と共に楽しむ場として、さらに人々との絆を深める潤いのある場所として再生を図る必要があるのです。その時に、床の間の形式も現代生活にマッチした日本住宅の象徴として再構築していくべきでしょう。

茶室には床の間がなくてはならないものであり、最も重要な装置とされています。茶席に飾る花や掛物は季節感を表すと共に、その日の亭主のもてなしの心を表しています。

その床の間を千利休[*2]はどのような思いでつくったのでしょうか。茶室研究の権威・中村昌生（一九二七〜二〇一八）は、国宝・待庵[*3]の床の間について、次のように解説しています。

亭主はこの日の茶席に、客へどのような発信をしようか、それは偏《ひとえ》に自由でありま
す。（中略）
敬礼の対象となる聖なる空間を土で塗廻すという発想は、どういうところから生まれたのでしょうか。（中略）待庵の天井まで丸く塗廻された床の姿は、朝鮮や中国の石窟寺院の仏龕《ぶつがん》を髣髴《ほうふつ》させるところが確かにあります。石を丸く刳り抜いた仏龕は、仏

の像を擁して広大無辺の空間を形づくっています。そのような仏龕をイメージして室床がつくられたということは、大いにありうることではないかと思うのです。

この床に向き合うと、仏龕を連想します。荒壁仕上げに塗廻されていながら、何か聖なるものを感じさせるのです。利休が侘数寄の床に托したさまざまな思いが、この室床の造形に凝縮されているように思われます。飾りの内容や方法は、亭主の自由な作意にゆだねられました。利休は特に「花」を重視しましたが、花の生け様はまったく自由であり、時に奔放でした。


出典『待庵　侘数寄の世界』中村昌生著　淡交社

利休の有名なエピソード「利休あさがおの茶の湯」の話が、『茶話指月集』[*4]にあります。

利休家の庭に朝顔が見事に咲いていると、ある人が秀吉公に申し上げました。それでは見に行こうと秀吉公は朝の茶会に出掛けられましたが、庭に朝顔の花は一枝もありませんでしたので、たいへん不機嫌になられました。

さて小座敷に入られますと、色あざやかな朝顔が一輪、床に生けられておりました。秀吉公はじめお供の人たちは目の覚める思いがして、利休は大変なお褒にあずかりました。これを世に、「利休朝顔の茶湯」と申し伝えています。

出典『茶話指月集・江岑夏書』谷端昭夫著　淡交社

この話には、編者・久須美疎安の附言があります。

「このように咲いた花をみな払い捨て、一輪だけを床の間に生けて、人を面白がらせるのは、利休の本意とは思えない。本当の話だろうか」という説があるが、朝顔の花を眺めるのを興味の中心として茶の湯をせよ、という秀吉の命じに応じて、その一輪だけを床の間に生けたところに、利休の数寄の精神の優れたところがあり、利休は花そのものの美しさを床の間で表現したのであろう。その後、小堀遠州の頃から、露地に花を植えないことになったが、これも、茶の湯の席での花の美しさを一段と愛し尊ぶからだ。

出典『茶話指月集』

露地の草花を否定することによって、茶花の存在価値を一層高めようとしたところに、利休の新しい創意があった、というのです。

この話は、花の華やかな美しさを求めて茶を楽しもうとした秀吉に対して、形よりも一段と花の美しさを味わうために、茶室に一輪の花を置くことによって、自然そのままの花とそれを愛でる人の心とを重ね合わせて感得するのが、茶の湯における花であるとしています。つまり茶の湯の神髄が精神的な深みにあるとした利休の意識を示すものではないでしょうか。


日本人は、豊かな自然に囲まれて生活しています。自然の美しさや情景を床の間に写し、亭主と客が心を通い合わせて茶室をつくり上げる一座建立《いちざこんりゅう》*5や一期一会《いちごいちえ》*6を大切にしています。現実の世界を透視して心の世界を生け花や掛軸に託して、奥床しく床の間に表現するのです。

また、床の間に飾るものとして、花入れと共に重要なものとして掛軸があります。

特に小座敷の茶室においては、掛軸は茶の湯の精神を深める道具として非常に重要だとされています。茶室の床の間に飾る掛軸について、『南方録』[*7]の覚書一九には次のように書かれています。

掛物ほど第一の道具はない。客と亭主ともに、茶の湯の道にひたすらうちこみ、その道の悟りを得る道具なのである。掛物のなかでは墨蹟が第一とする。そこに書かれている言葉の心を敬い、その筆者である道人、あるいは祖師の徳を味わうのである。

出典『南方録を読む』熊倉功夫著　淡交社

茶席に入ってまず鑑賞するものは、床の間に飾ってある生け花や掛物です。茶の湯の道具は、炉、釜、茶碗、茶入、茶杓など多くありますが、なかでも掛物は最も重要だとされています。掛物の中でも墨蹟を第一としたのが『南方録』の主張でした。

床の間は、その形式によって本床、蹴込床、琵琶床、龕破床《がんわりどこ》、袋床、洞床、室床、織部床、釣床、置床などがあり、茶の湯を通じてさまざまな変形がつくり出されてきました。

四畳半以下の狭い茶室は小間と呼ばれ茶室専用の室として使われます。茶事を催す神聖な場所であり、床の間も精緻をこめてつくられています。一方、広間の床の間は多種多彩です。一般の座敷における床の間は、「真・行・草」という形式にみられるように自由につくられています。例えば「真」の本床は、漆塗りの床框、銘木の落掛け、正角の床柱、龍鬢《りゅうびん》畳の床、杉柾一枚板の天井とし、床の間の向きは南または東に向けるのが普通で、床の天井高は長い掛軸が掛けられるように畳上より二・四メートル以上の高さになっています。このような本床は、座敷にはなくてはならないものでした。

今日まで伝え続けられている伝統文化は、茶の湯を始めとして、生け花、能、狂言、俳諧、歌舞伎といったものがあります。また、日本には年中行事とする行事・儀礼と、それに付随するしきたりが数多く存在しており、これらも広い意味では日本の伝統文化といえるでしょう。日本の文化は自然との関わりを持ち、日本人の豊かな感性と精神性が日本人特有の自然観を生み、日常生活のなかに生活文化として深く根付いています。しかし、ライフスタイルが洋風化し、核家族が増えるなどの社会環境の変化によって、長い時間かけて培われてきた日本独自の文化や習わしが忘れられつつあるのも事実です。非常に残念なことですが、今また、日本の伝統文化を再評価すべき時にきていると思います。

歴史学者の笠井昌昭（一九三四〜二〇一三）は、アオマツムシの雑音について次のように書いています。

このところ、私の家の門前ではよる七時ごろともなると、街路樹のカエデの木の上から降るようなアオマツムシの大合唱があたりを圧している。門の内側の小庭の草むらでは、エンマコオロギ・ツヅレサセコオロギ、キチキチバッタ、そしてカネタタキなどが鳴いているのだが、アオマツムシの大合唱は、それらの虫の声をもかき消してしまうくらいなのである。やかましいことおびただしい。

この虫の声を、私は子どものころ聞いた記憶がない。木の上から降ってくるこのやかましい虫の声を気にしはじめたのは、いつのころからであったろうか。この鳴き声の正体がアオマツムシだとわかったのは、やっと五、六年前のことであった。いつもは高い木のうえにいるはずのこの虫が、部屋の中に迷い込んで大きな声で鳴いたからである。さっそく昆虫図鑑と照らし合わせて、この虫が悪名高きアオマツムシであると確認したのであった。

鳴き声はマツムシとは似てもにつかないが、なるほどアオマツムシの名のとおり、羽の模様はマツムシそっくりである。しかし、マツムシよりも大きく、マツムシが薄茶色を呈しているのに、これは緑色をしている。この虫が外来種であることはまちがいないが、いつ日本に入って来たかということになると、諸説があるようだ。昭和十年前後に、東京でこの虫を見つけている、という記述もあれば、すでに明治にこの虫が認識されている、という記述もあるらしい。しかし、この虫の声が他の虫を圧して、あちこちで聞かれ出したのは、やはり戦後のことではなかろうか。中国の南方でよく聞かれるという報告もあり、香港経由で材木などとともに日本に入ってきたのではないか、ともいわれている。

いずれにしても、このアオマツムシの鳴き声に風情《ふぜい》を感じる人はほとんどいないであろう。寂しさやわびしさを誘うようなものでは、とうていないからである。

このような外来種の秋鳴く虫が勢力をはってくると、コオロギの鳴く音に秋の夜の想いを深くした日本人特有の感情も、しだいに薄れてしまっていくのではないだろうか。

アオマツムシの鳴く音はロックバンドに熱狂する若者たちには、かえってしたしまれることになるのかもしれない。

出典『虫と日本文化　日本を知る』笠井昌昭著　大巧社

このようなことは、日本の住宅にもいえることではないかと思えます。日本の環境に馴染まない住宅が日本中に蔓延しているからです。高気密・高断熱で外部とのつながりを断絶して、通気を機械換気で行うことが良質な住宅であるとする感覚には、どうも馴染めないものがあります。自然の風による木々のざわめき、花の色や香り、小鳥や虫の鳴く声など、季節の移ろいを教えてくれる自然との交わりを意識しない閉鎖的な住まいは、日本人の持っている感性を麻痺させてしまうのではないかと恐れています。

和風住宅の「床の間」は、「茶の間」と同様に一つの言葉では英語に訳すことのできない、日本独自の文化的空間です。

床の間の壁は多くの場合、土壁か紙張付けなどで無地に仕上げられています。そこに美しく表装された掛軸を掛けるので、床の間全体が大きな額縁のようになって掛軸が引き立つのです。しかも、床の間に飾られる掛軸や生け花あるいは美術品は、四季折々に、儀礼の行事の時に、あるいは訪問の客組みによって随時替えられます。そのしつらえは、亭主の美的感性や客人に対するもてなしの心で表現されるのです。一方、日本間の壁は土壁で、壁面そのものが美しく仕上げられ、そこには美術品を飾ることはしません。

西洋の室内は、絵画、彫刻、骨董品がおびただしく陳列され、壁面は常に満たされています。それは単に美術的な富を誇示しているだけではないか、とさえ思わせます。なぜなら、人はいろいろな音楽を同時に聴くことはできないからです。

床の間とは、神棚や仏壇を置く神聖な場所であり、毎日の生活空間のなかにあって生活臭から離れた精神的・美的空間です。また、生活の美をシンボリックに表現する小美術館であると同時に、四季の祭りや儀礼の行事をしつらえる舞台でもあるのです。

和の空間に美しく移りゆく節気の室礼を取り入れて、和の心でおもてなしをするのが、日本の姿です。生活や祝いの道具を出し入れすることによって、室内の表情と機能が変化します。暮らしのなかで季節と祭りをしつらえる中心の舞台が、床の間なのです。

お正月は、生け花に五穀豊穣を表現し、元旦にお歳神様を迎えて、新しい年の豊穣と平和を祈念します。

三月三日は女の子の桃の節句、雛祭り。雛人形を飾り、雛あられや菱餅、白酒を供えてお祝いをします。雛壇飾りは関東では向かって左が男雛、右が女雛となりますが、関西では左右反対になります。

五月五日は男の子の端午の節句。男の子の無事な成長を願って、鎧・兜や武者人形を飾り、ちまきや柏餅を食べます。

七月七日は七夕。牛飼いの牽牛と機織りの織女は恋人同士で、恋に浮かれて毎日遊んで暮らしていました。それを知った天神様の怒りに触れ、天の川に隔てられ離ればなれにされたのです。年に一度だけ逢うことが許されたのが七夕です。

九月九日は重陽の節句。菊の節句とも呼ばれ、菊を観賞しながら菊酒を飲むと長生きするといわれています。菊は長寿の花といわれていたからです。また、九月九日という日にちには特別な意味があります。最も大きな数は十ですが、頂点を極めてしまえば後は衰退していくだけなので、頂点を最高とするのはよくないと考えました。そこで最高の数を十ではなく、九としたのです。こうして最高の数が二つ重なるのがこの重陽の節句で、いいことが重なる日とされています。

これら五節句（節供）の他にも、春の七草、節分、彼岸、花見、花祭り、八十八夜、衣替え、お盆、十五夜、秋の七草、七五三、酉の市、冬至など日本の季節を彩る年中行事のしきたりは数多くあります。

また、日本人の生活には長い歴史に培われた儀礼のしきたりがあります。今では冠婚葬祭を家のなかで行うことはほとんどなくなりましたが、誕生日、特に六〇歳の還暦などの年祝いは、家族全員集まり家で祝うことを習慣づけたいものです。茶室がある家では、お茶会を催すのもいいでしょう。数え年七〇歳の古希、七七歳の喜寿、八〇歳の傘寿、八八歳の米寿、九〇歳の卒寿、九九歳の白寿、一〇〇歳の紀寿。一〇〇年は一世紀であり、日本人の寿命は年々延びています。長寿はおめでたいことであり、お年寄りを敬う意味でも、年祝いで感謝の気持ちを表現したいものです。

少子高齢化が進んでいますが、一〇〇年後は、物質文明よりも精神文明がさらに進んだ、人間を尊重する心豊かな社会でありたいものです。それをつくっていくのは私たち自身だと思います。

節句や節会の季節感を床の間に取り入れ、昔ながらにしつらえるのも、生活に潤いをもたらす一つの形です。依代《よりしろ》*8をしつらえる、お供えを供える、人形を飾る、季節の花を装う。これらには決められた形がありますから、まずは形から入るのがいいでしょう。たとえ形から入ったとしても、心に支えられたものでなければ真の形にならないことに、やがて気づく時がくると思います。

日本には融通無碍の神様がいます。それは宗教とは違い、日本人独特の観念です。神様は高い山に宿り、巨木に宿り、大きな岩にも宿っています。姿は見えませんが、依代があれば、どこにでも降りてくるありがたい存在です。雛祭りは桃の花に、端午の節句は菖蒲に、七夕は笹に、重陽の節句には菊に降りてきます。神様の降りてくる依代をしつらえ、神様と共に共食をするのが節句の本来の意味です。

四季折々の行事のなかで私たちは、一方では厄除けのお願いを、一方では幸せをもたらすお願いを神様に祈っています。神様はたくさん存在し、それぞれ分業で私たちの生活を守ってくれるのです。節句の行事は自然への感謝が込められています。それは個人で祝うより、共同で祝うものでした。ごちそうをつくり、神様にお供えし、親類縁者や親しい近隣者が集まって食することが大事と考えられていました。現在では、血縁・地縁の共同体が崩壊してしまったために、こうした行事が成り立たなくなっています。家族での行事が姿を消し、人々との絆も切れて、今日のように潤いのない乾いた人間関係になってしまったのでしょう。

昔の日本人は、春夏秋冬の四季の美しさを楽しみ、お月様の満ち欠けを眺め、お天道様の位置や日差しの影で時刻を知りました。それは、どれほどゆったりしていたことでしょう。現在では「時は金なり」とばかりに、経済性と効率性を軸にして、いかに有効に時間を過ごすかが課題になっています。ゆったりとしていては時間が無駄になるという感覚です。その結果、心にゆとりがなくなってしまったように思います。

ゆとりのある生活には、床の間や縁側などのゆとりのある空間が必要です。そのためにも住まいの形づくりから改めなければならないでしょう。床の間のある日本間の良さ、和の文化を見直して、それを誇りに思う気持ちが大切であると思います。

また、床の間は和室だけでなく、洋間にも形を変えて設けることができれば、そこに統一した知の空間がつながり、雅趣の趣をもった風格のある数寄屋風建築にまとめることができます。できれば玄関寄りにも、いわゆる取次の床が欲しいものです。小さな床構えであっても、そのちょっとした心配りの風情が、これから進み入る奥座敷の質の高さを予感させ、全体において格調高い住まいになることでしょう。素晴らしい日本の伝統文化を、今こそ見直したいものです。

現在では、茶の湯にしても生け花にしても、決まりきった作法で先生に教えられた通りにすることが当たり前になっています。基本的な作法を覚えれば、一応、花を生け、茶の湯の世界に遊ぶことができるわけです。けれども、ほんとうに文化としての茶の湯や生け花の面白さや極意を会得しようとするならば、そこには常に創意工夫が伴うことを強く意識しなければならないと思います。

平成二三（二〇一一）年三月一一日、日本に未曾有の大地震が起こりました。大津波が発生し、海岸の人家や施設を襲い、絶対安全とされた原子炉まで破壊され、多くの人が波にさらわれ、放射能汚染にさらされました。日本国中が凍りつくような危機感に包まれ、現在まで続いています。今まで当たり前とされてきた経済成長優先の経済システムや自己中心的な競争社会の仕組みを、根底から見直して改める気運が高まっています。

二〇一一年の年末に、世相を一字で表す「今年の漢字」が五〇万票もの応募のなかから選ばれました。それは「絆」でした。東日本大震災や紀伊半島豪雨などの大規模災害で、家族や仲間との絆の大切さを改めて感じたことや、女子サッカーのワールドカップで優勝した「なでしこジャパン」[*9]のチームワークの良さなどがその理由に挙がっていました。

絆は英語で何というのでしょうか。和英辞典で引くと、boudとかtiesという単語が出てきます。家族の絆をfamily tiesというようです。また、コミュニケーションとかヒューマン・リレイションという人もいます。カタカナで書いてみると、キズナという綴りは何となくむなしく感じます。ちなみに広辞苑で調べると、絆は「絶つに忍びない恩愛。または離れがたい情実」とあります。英語圏の「きずな」は形態的に結ばれている状態のことを指し、日本人の「絆」は精神的なつながりが根本的にあるのではないかと思えます。

災害地域の復興におけるまちづくりや住居づくりは、西洋的なものの考え方や形ばかりで実のない近代的な手法で行うのではなく、日本の風土に根ざした日本古来の伝統文化を最も大切にしたものであって欲しいと思います。

＊1　結柳　正月や初釜の床飾り。柳の枝をたわめて曲げ輪に結び、床に掛けた花入れから長く垂らしたもの。綰流《わんりゅう》ともいう。

＊2　千利休（一五二二～九一年）は、一九歳の時に北向道陳《きたむきどうちん》に茶を学び、道陳の勧めで武野紹鷗《たけのじょうおう》に師事した。利休の行動意図は、茶の湯における新しい美の発見や芸術の創造の表現によって、いかなる権威にも捉われることのない既成概念の変革にあった。天正年間後半、天下人となった豊臣秀吉の後ろ盾を得た利休の茶の湯における改革は、天正一〇（一五八二）年の「待庵」以降のほぼ九年間に行われる。この短い間に利休は茶の湯（後の茶道）の芸術としての地位を確たるものとし、茶における日本の伝統文化の礎を築き、歴史的文化人として名を残す。

＊3　待庵　天正一〇（一五八二）年頃、千利休が理想とする求道的な侘茶に徹するためにつ

くった極小の茶室空間。今日遺っている最も古い茶室で、国宝に指定されている。

＊4　茶話指月集　利休の孫である千宗旦が、藤村庸軒に伝えた逸話を、久須見疎安が筆録・編集した本。一七〇一年に板行された茶書の古典。

＊5　一座建立《いちざこんりゅう》　茶会は、この亭主ぶりと客ぶりのいかんによって、成立するか否かがきまるものである。亭主ぶりと客ぶりがともによろしく、茶会が理想的に成立することを、茶道の開祖珠光は、一座建立と称している。

珠光は、『珠光一紙目録』において、「亭主ぶりのこと、心に成るべきほど、人を敬ふべし」といい、また「常の参会する人をも、心の底には名人の如く思ふべし」と述べている。そしてまた「客人ぶりのこと、一座の建立にあり」と簡単に説明している。

さらに珠光流茶道の秘伝書である『山上宗二記』によると、珠光の曾孫弟子にあたる千利休は、この珠光の言葉の不足を補って、「常の茶の湯なりとも、露地へ入るより出づるまで、一期に一度の会のように、亭主を畏敬すべし」と述べている。

「茶道精神」とか「茶禅一味」とか、さもいかめしげに説いているが、茶道は、単なる精神主義でもなければ、抽象的理論でもない。

要は、亭主ぶりにたいする客ぶりいかんによって、茶会の一座が建立するか否かが、決まるのだ。

出典『桑田忠親著作集第八巻　茶道と茶人（二）』桑田忠親著　秋田書店

＊6　一期一会《いちごいちえ》　「一期一会」という言葉は、近いところでは井伊掃部の『茶湯一会集』に出ている。同書のはじめに、

猶、一会ニ深き主意あり、抑、茶湯の交会は、一期一会といひて、たとへハ、幾度おし主客交会するとも、今日の会にふたゝひかへらさる事を思へハ、実ニ我一世一度の会也、去るニより、主人ハ万事ニ心を配り、聊も麁末なきやう深切実意を尽し、客ニも此会ニ又逢ひかたき事を弁へ、亭主の趣向、何壱つもおろかならぬを感心し、実意を以て交るへき也、是を一期一会といふ、必々主客とも等閑にハ一服をも催すまじき筈之事、即一会集の極意なり

とある。（中略）

この「一期」というのは「一期の命」などと使われるごとく、「一生涯」を意味し、「一期一会」とは一生涯に一度の会の意味で、それが特に茶会を催す場合の心構え、態度などに関して多く言われておるものである。茶事を催す場合、これが一生涯に一度の会であると観念していれば、万事に隙なく心を配り、そこに自己の最善を尽くすこととなる。また

この次にやればよいなどというような心掛けでは、本当に身の入った茶事にはならない。これが済めば同じ会は一生にもう二度とはないとの覚悟をもって茶事を催す、それが一期一会である。

同じ心構えが、またふだんの稽古の時にもなければならない。この稽古が今済めば、もう二度とできないとの差し迫った覚悟があって、はじめて稽古は本当に身の入った稽古となるのである。単に茶を行なう場合のみならず日常生活の万般において、「一期一会」の心構えをもって事に対処するのでなければならない。実際、人生を深く反省すれば、そうせざるを得なくなるような必然性が人間にはあるのである。

出典『わびの茶道』久松真一著　燈影撰書

＊7　南方録　千利休の高弟・南坊宗哲が、利休から習得した茶の湯の心得を記したものとして、花実山が編集した茶道書。茶道の聖書といわれているが、偽書として歯牙にもかけない人もいる。

＊8　依代　神霊が依り付く代物。尸童《よりまし》が人間であるのに対して、依代は物体を示す。神聖な標識として依り付くのは、樹木や自然石あるいは弊串《へいぐし》など種類は多い。依りは神霊の憑依を意味し、代は物であるから、どんな物でも神霊が依り付くことで神聖化され祭りの対象に

なる。神社に祀る神体は霊代《たましろ》と称し、また、神符守札の類なども全て神の依代とみなされるが、古代では神木が神の依代として信仰された。

＊9　なでしこジャパン　二〇一二年一月に国際サッカー連盟（ＦＩＦＡ）は、二〇一一年の年間表彰（ＭＶＰ）に女子日本代表主将の澤穂希選手、女子の最優秀監督に日本代表を率いた佐々木則夫監督を選出した。

天　井——見上げて初めて目に触れる日本建築の極み

木造住居ができて以来、私たちは長い間、小屋組みや二階の床組みを仰ぎ見て暮らしてきました。日本の民家では、天井を張った部屋は座敷のみという家がほとんどでした。台所や囲炉裏などの煙を出すところには天井を張らず、通気性を良くすることを優先したからです。現代では、小屋組みや屋根の材料を意匠的に見せる場合もありますが、気密性が要求されるようになって、どの部屋にも天井が張られるようになりました。

こうして天井が構造部材から完全に切り離されたことによって、自由なデザインが可能になり、日本の住宅建築では、使用材料の種類と組み合わせでいろいろな形の天井がつくられることになりました。

茶室の天井は、茶を点てる亭主や茶を受ける客の座る位置に合わせて、意味をもって意匠化されています。一期一会や一座建立の場としての茶席は、緊張感や親密感のある非日常的な空間を演出しています。そのなかでも天井は重要な要素であり、いろいろな形に洗練されてきました。茶室や茶屋建築の天井の造形は、一般住宅に大きな影響を与えています。

日本家屋の天井には、化粧屋根裏天井から平天井まで多種多様な形式の天井があります。化粧屋根裏天井は、屋根裏をそのまま天井として現したもので、単に垂木や小舞などによる化粧仕上げではなく、より一層繊細な意匠を施すことで、侘び住まいを表現するものになっています。

天井の断面が舟の底のように弓形や屋形になっているものを舟底天井といいます。舟底天井のうち、天井勾配が急なものを屋形天井または拝み天井といいます。屋形天井は屋根裏をそのまま現したもので、多くは茶室や浴室などに用いられます。

秀吉の正室ねね（北政所）は、慶長八（一六〇三）年に高台院の号を賜り、二年後、京都東山に秀吉の菩提を弔うために高台寺という寺を建てました。境内には、茶室として有名な時雨亭[*1]と傘亭（重要文化財）があります。これらは秀吉が伏見城で舟遊びをした時に使われた茶室を移したものとされ、利休の作といわれています。傘亭はその名のごとく、屋根裏が傘を下から見上げたようなつくりになっているのが特徴で、竹垂木の全てが頂点の一点に集まり上っていく構成は圧巻です。桃山時代の自由な茶屋の趣を伝えています。この天井を亭式天井といい、寄棟の頂点が一箇所になる四阿《あずまや》造りなど四方流れとなる方形の天井です。屋根の形のままに化粧天井にした化粧屋根裏天井の最たるものです。

千利休がつくった茶室・待庵（国宝）は、二畳しかない狭い室に三種類の天井を張っています。草庵茶室の手法として完成された天井の形式で、掛込天井といいます。一つの空間内に平天井と勾配のついた化粧屋根裏天井を組み合わせたもので、空間に変化を与えるだけが目的ではなく、主と従に区分する空間の演出が狙いでした。広間の座敷にも応用できる手法として、現代数寄屋の一つの型になっています。平天井と化粧屋根裏天井の仕上げは違えることが多く、天井板、垂木、小舞、蔓などの仕上げ材を組み合わせます。自由で変化のある小空間づくりに有効な方法です。

化粧屋根裏天井は、屋根なりに斜めにする数寄屋建築ではおなじみの天井ですが、和風住宅の入側や広縁などの天井に美しい造形として仕立てられます。
実際に屋根裏である場合と、大屋根とは別に意匠的により瀟洒に仕立てるために二

入側の天井。垂木は杉丸太、小舞は赤杉、化粧天井は赤杉柾の無垢板

重にする場合があります。後者のほうが、数寄屋らしい趣があります。杉の小丸太を始め白竹や皮付きの辛夷などを垂木に使い、その上には小舞と呼ばれる細材が入るので垂木と天井板の間に距離ができ、透けて清涼感が増します。垂木を受ける桁には、すっと伸びた杉の丸太を使いますから、両者が影響し合って、広げた鳥の羽のように軽やかに空間を包むことができます。

書院造りの格天井は重厚で格式が高いものですが、大阪府島本町の水無瀬神宮茶室の燈心亭[*2]（重要文化財）の格天井には剛直さは全くなく、貴族の風流な遊び心がよく表れています。天井の格縁は杉の面皮小丸太で吹き寄せ、格間には寒竹、萩、木賊《とくさ》、山吹、桐、桑など一種類の草木材を張りつめてあり、風流で高雅な趣です。この茶室は後水尾天皇の好みと伝えられる三畳台目の茶室で、天井の斬新な意匠は茶の湯の空間として格別なものであり、数寄屋造りの豊かさを示すものといえましょう。

平天井で一般的なのは竿縁天井です。天井板を竿縁と呼ばれる細い化粧材で打ち上げたもので、天井の四周は回り縁で支持します。茶室の竿縁天井では、天井板を野根板張りにして竿縁を組み合わせるのが一般的ですが、野根板天井の代わりに網代天井*3や蒲天井などもよく使われます。孤篷庵忘筌の天井は、杉の天井板を砂摺りにして杢目を浮き立たせて繊細さや柔らかさを出した意匠で、砂摺天井として知られています。

竿縁天井は、竿縁と天井材の組み合わせでたくさんのバリエーションがあります。竿縁は加工した木材が一般的ですが、皮付き丸太、養植（杉の株立ち）の小丸太や竹なども用いられます。竿縁が木の場合は、断面や面取りの種類が豊富です。少し堅い印象になりますが、下の角を斜めに大きく面取りして細身の竿縁とした「猿頬《さるぼお》」は格式の高い和室に用いられます。また、方形よりも部材の梁成（梁の下面より上面までの高さ）より幅を広くした「平縁」は、数寄屋建築で好んで用いられます。

松が丘・松隠亭の和室七畳の天井は、垂木に芽付竹を使い、小舞を女竹と掛蔓竹にした磨葭を化粧張りした舟底天井。茶の間の天井は、本煤竹を竿縁として蒲芯の化粧張りを施した平天井です。どちらも野趣に富んでいて面白いと思っています。


和室の天井板には針葉樹、特に杉が多く使われます。これは、日本の各地で杉材が産出されるからです。杉は木目（年輪の模様）が変化に富み、さまざまな好みのものが得られます。秋田の杉も吉野の杉も同じ杉ですが同じ色とは限らず、同じ産地であっても木目も色も微妙に違います。

代表的な杉に春日杉があります。四〇〇年を超える年月を経た春日杉は、材色は赤みを帯び、樹脂分が強く光沢があり、柾目がはっきり表れていて、力強さのなかにも一種の気品があります。美しい優雅な笹杢も表れ、長い年月と共に独特の艶を帯びてくる天井板の最高級品です。

春日杉の産地は、奈良県の春日神社の後背地で、特別天然記念物の指定を受けています。さらに各種の法的規制があるので、生命力がある間の伐採は許されません。自然の推移に伴う枯損木か風倒木が出るのを待つしかありません。したがって、木材としてはほとんど手に入ることのない骨董的な存在です。出たとしても無垢材などなく、一分（三ミリ）を二〇枚くらいにスライスしてベニヤに張った「張り天井板」がほとんどで、それさえも「春日杉」と銘打ってはいても、ほんとうにそうかどうかは定かでないといいます。これは極端な例だと思いますが、無垢の杉板でつくる天井ほど魅力的なものはない、と私は思っています。

ちなみに全国に多々あるなかで神木といわれている杉に、屋久杉と神代杉があります。

屋久杉は鹿児島県・屋久島の杉で、神の降り立つ木といわれています。樹齢一〇〇〇年以上のものを屋久杉、一〇〇〇年以下のものを小杉、植林した杉を地杉と呼び区別しています。世界文化遺産に登録されたため、一九九三年からの伐採は禁止されました。緻密で美しい杢目、独特の香り、樹脂分を多く含むため腐りにくいのが特徴で、天井板よりも工芸品として使われています。

神代杉は、神代の昔から眠り続けているという意味で、その名があります。火山の噴火で火山灰に埋もれ、一〇〇〇年も腐らずに生き半化石化した杉の木です。原木を割った瞬間は卵の黄身のような色、その後スカイブルーに変わり、一カ月くらいで神さびた灰緑色に変化するといいます。急激に酸素に触れることで、驚くべき変色を遂げるのだそうです。主に秋田、山形、伊豆半島などで採掘され、建築の装飾品や工芸品の制作に用いられます。まれにしか出土しない神代杉の長さ四メートル、幅四五センチ、板厚一五センチの板材を、私は東京・木場の木下銘木店で見ることができました。

銘木店には、各種の美しい木目や杢の板材、天然の丸太、珍木が並んでいて、一日中見ていても見飽きません。同じ材木でも、製材木取りや加工木取りによって柾目や板目の目理が違い、値段も違います。これらを見ると、「木造で家を建てようとする時は、木をよく見て、木に惚れて、木を愛さずにはいられなくなった時である」と思うようになります。そのためには、まずは銘木店に頻繁に足を運ばなくてはならないでしょう。

座敷に入ってまず目に入るのは柱であり、壁であり、障子や襖です。見上げなければ目に触れない天井は意識しなければ見えてきませんが、和室空間を引き締めている重要な構成要素です。天井の意匠は複雑で多種多様ですから、意匠や仕上げ材を疎かにすればするほど空間に品位がなくなり、野暮ったい感じになります。天井は意識して見上げて初めて目に触れる場所で、そんな陰にあって密やかに輝いている存在であるところにも、「粋」を感じさせてくれます。

天井に張られた杉板の柾目や笹杢の紋様を、寝そべってじっと眺めていると、交わることのない線が面相筆で描いたように柔らかく続いていています。自然から生まれた紋様の柔らかさに何となく引き込まれ、思わずイリュージョンの世界に入り込んでしまうのです。

和室の天井に使われている材料の選択や部材の寸法に対する配慮などを見る時、そこに日本人の特別な心配りを知ることができます。天井が低くても決して圧迫感を与えないような軽やかなつくりも、その一つです。だから長時間眺めていても飽きず、親密感を感じさせてくれるのでしょう。

松が丘・松隠亭の八畳と六畳の続きの間では、八畳の天井が杉杢の羽重ね張り、六畳の天井が春日杉笹杢の敷き目張りでかなり重厚な仕上げとしました。天井が低いので圧迫感が気になり、少しでも和らげようと、杉磨き丸太を太鼓落としとした長押を用い、その蟻壁長押と天井に挟まれた幅の広い間を白土の蟻壁仕上げとしました。天井と壁の間に空白なる雰囲気をつくり、天井を浮いた感じにして圧迫感を和らげたのです。

伝統的な和室の天井には、竿縁天井や敷き目張り天井があります。

竿縁天井に用いる天井板の材料に、茶室では枌板《へぎいた》がよく使われ、広間では無垢の杉の柾目や中杢板が使われていましたが、現代では一般的ではなくなってしまいました。最近では聞かれなくなった「枌板」とは、丸太の木口に鉈の刃を差し込んで刃を返し、木の繊維に沿って薄く割った板のことで、産地の名をとって野根板ともいいます。鋸を使わないので木の繊維をほとんど切らず、木肌がざらざらした素朴な感触が美しいものです。杉や椹の枌板は化粧屋根裏や掛込天井にも用います。

竿縁天井で無垢板の側面同士を重ね合わせて張る「羽重ね張り」という張り方があります。この羽重ね部分に表れる木羽の見せ方として、見えがかりをどちらに向けるかが問題になります。光が当たると木羽の美しさが増すので、茶室では外からの光が木羽に当たるよう工夫し、美しい姿を客に見せるように張っています。これに反する張り方を「見返し張り」といい、客に対する亭主の配慮が欠けるものとみなされます。広間の座敷などでは、客が座敷に入ってくる動線を考えて、客が座敷に入る時に木羽が美しく見えるように張ります。

木羽の美しさを常に保つために、天井板の裏にはいろいろな仕掛けが施されます。特に無垢の天井板は時間の経過とともに歪み変形します。天井板を羽重ねにしておいただけでは天井板は変形して、羽重ねした板相互の間に隙間ができます。現場では「天井が笑う」といいますが、天井が笑ってしまっては、品位のある木羽というイメージからかけ離れた姿になってしまいます。そのために考えられた手法が「稲子《いなご》」です。天井が笑うのを防ぐために材をつながなければなりませんが、無垢板を張る時に割れやひびが入る恐れがあるために、合板のように釘では打ち付けられません。そこで、厚さ二分、幅二～三分、長さ七～九分の板の両側面を、楔状の仕掛けをつくり笑い止めにした稲子を使うのです。天井板の厚さによって使う稲子の種類は変わります。

残念ながら、このように無垢板の羽重ね張りの天井で稲子を取り付けて張ることのできる大工は少なくなり、この仕事も過去の技術になってしまいました。

無垢板はたいへん高価になり、今日一般的に使われている杉板は、印刷したものや突き板を張った合板です。合板に張られる突き板は、ごく薄いもので〇・一ミリのものからあります。張りもの合板の天井は、張った時が一番きれいですが、時が経つにつれてだんだんと劣化し、見苦しい状態になっていきます。日本の住宅の寿命が二六年と短いことが、張りものの天井板を促進したと考えられます。

和室における杉の無垢板天井の魅力を忘れてはいけません。日本の天然の美と日本人の感性によって日本建築の造形を育て上げたのが、天井だからです。住宅の寿命を五〇年、一〇〇年単位で考えれば、張るのは無垢の天井板でなければいけません。無垢板は数年経ってから美しい姿を現し始め、その木が持っている味わい深い風情をいつまでも魅せてくれるのです。

天井は、機能よりも意匠の見せどころとして、贅を尽くしてつくられるところに魅力があります。天然素材の魅力を最大限に求めてつくられる和風の天井は、日本建築の極みの表現だと思います。

＊1　時雨亭と傘亭　高台寺境内にある茶屋で、二つの茶屋は土間廊下でつながっている。傘亭が比較的閉鎖的であるのに対し、時雨亭の特に二階は開放的に構成されている。

＊2　燈心亭　水無瀬神宮の茶亭。寄棟造茅葺屋根の田舎家風だが、茶室の格天井始め、書院造りを草庵化した貴族好みのつくりになっている。

＊3　網代天井、蒲天井　杉や葭、竹などの草木材を各種の模様に編んだものを張った天井。

畳——日本人の礼儀作法と高い精神性が育まれる場所

畳の上を素足で歩くと、優しく温もりがあり、しっかりとした感触が気持ちよく感じられます。正座すれば、心が引き締まり気持ちがしゃんとします。横座りするとリラックスでき、気持ちがくつろぎます。寝ころぶと自然のいい香りがして、草原にいるような気分になります。

畳は本来、畳表《たたみおもて》の清涼感と畳床《たたみどこ》の弾力性により、単なる床材の機能だけでなく、人を自然のなかに包み込むような温もり、緊張感、くつろぎを感じさせる空間の舞台となります。そこに床の間を構え、障子や襖を立て、座卓や座布団などの装具が置かれて、日本の座敷が構成されているのです。靴を脱いで家に上がる習慣を持つ民族は世界的に珍しく、床座の生活の伝統を持つ日本では、衣服の形や食事の仕方、人との挨拶や対話の作法まで、床に座ることを前提としてきました。

また、畳の上に直に食器を置くという行為は、畳が他の床材と全く違う清浄無垢な敷物であり、畳に清らかさがあることの証明でもあります。家のなかでは靴を脱ぐという習慣によって、畳という素材が座敷をつくり、座った目線で人と自然とを結びつけ、風土に根づいた日本家屋をつくらせたのでしょう。
歴史的にみると、寝殿造りの時代に床座の置き家具として使われ始めた畳は、部屋に敷きつめられていく過程で天井や壁、建具などと一体化され、「和風住宅」という日本家屋の空間を生み出しました。畳は床の材料というより、あくまでも「和室」を構成する要素の一つとして認識されたのです。昭和八年に日本を訪れたドイツの建築家ブルーノ・タウトは次のように語っています。

畳は自然の趣を具え、柔らかすぎてぐにゃぐにゃすることもなければさりとて硬すぎもせず、独特の仕方で部屋に敷きつめてある。およそ世界の諸国で家具を意味するようなものは、すべて畳のなかに含まれている。実際、畳は椅子や安楽椅子、ソファや寝台の代わりもすればまたしばしばテーブルの代用にもなるのである。

出典『日本人の家屋と生活』ブルーノ・タウト著　篠田英雄訳　春秋社

自然の丸みを残した面皮柱や土壁、化粧屋根裏天井などの草庵風の意匠は、簡素であり風雅な数寄屋における畳の座敷を生みました。主人も客も対等の心で交わることのできる、主客同座の「直心の交わり」の場をつくったのも畳です。書院造りの座敷が、障子や襖のしきり、広縁や縁側で庭とつながり、床座による生活習慣などの、後の和風住宅の原型になったことを考えれば、畳が日本の文化・伝統の発展に大きな影響を与えたのは間違いありません。建築学を始め、住居生活や意匠などの研究を続けた民俗学研究者の今和次郎は、昭和三三（一九五八）年に次のような論文を書いています。

たんぼからは、米もとれるが、畳もとれる。口に入れる米もお尻に敷く畳もといえば、そんなばかなことがといわれそうだが、そのことをしみじみ感じたのは、岡山付近の農村を歩いたときだったが、ちょうど、たんぼに伸びた藺草《いぐさ》の刈入れどきで、道路という道路は干し場に占領されてしまって、車止めで困ったときだった。大急ぎで春作の藺草を刈ってすぐそのあとへ、秋とれる稲の苗を植付けるのだという。
日本の九千万なにがしの人間は、ざっと九千万石の米を食べ、そして住居にはざっと四億枚の畳をめいめいの屋根の下に敷込んで起居している。米九千万石はざっと九千億円、新規な畳一枚千円として四千億円だ。（中略）それが、このごろの国民生活白書ではないが、米よりもパンやうどんへと代わり、また畳よりもいす式へとなると、国民生活構造の変更で、われわれのからだがそこで、食べるほうからも、起居のほうからも、内からも、外からも変えられていくすうせいのようだ。

出典『今和次郎集第四巻　住居論』今和次郎著　ドメス出版

畳は、畳表、畳床、縁《へり》で構成されます。山野の湿地にも自生している藺草や田んぼに伸びた藺草が畳表の原料になります。日本の藺草の主な生産地は、水が豊富な熊本県八代地方に位置する球磨川や八代海などの地域で、肥後表として出荷され国産畳表の約九割を占めています。他には福岡県（筑後表）、広島県（備後表）、岡山県（備前表）、石川県（小松表）などがあります。一方、中国などから安価な藺草が輸入され、それらのシェアは普及品の七割以上を占めています。

普段目に触れない畳の芯にあたるのが畳床で、畳の機能や性能を大きく左右します。全て稲藁でつくられた畳床は「本畳床」と呼ばれます。乾燥させた稲藁を四〇センチ、縦横約四から六層に積み重ね、それを五センチまで圧縮したものです。稲藁畳床の約四割が宮城県でつくられています。

昔は畳床＝稲藁（本畳床）でしたが、近年の新しい住宅などにはこの畳床はほとんど使われていません。現在、全体の七割を占める最も普及している畳床は、稲藁を一切使わないポリスチレンフォームや、細かい木材を圧縮したインシュレーションボード板を組み合わせ縫い込んだ建材畳床です。その他、建材畳床と稲藁畳床の中間的な性能の藁サンド畳が二割で、全て稲藁の天然素材のみの稲藁畳床は一割にもなりません。建材畳床は軽量で低コストなどの理由で、マンションやアパートなどで多く使われています。

現代の住宅は、鉄筋コンクリートとアルミサッシで気密性が高くなり、空気の循環が悪く湿気がこもる部屋が多くなりました。その湿気によってカビやダニが発生し、アトピー性皮膚炎やアレルギーの原因となっているとわかり、建材畳床が普及に拍車をかけました。本畳床の約半値であることから、ほとんどの住宅メーカーで指定素材に選ばれていることも影響しています。しかし、建材畳床は、藁床に比べて吸湿性や放湿性が非常に低いのです。踏み心地は藁床に比べて硬く、耐久性も劣ります。湿気を吸ったり吐いたりして、室内の湿度を調節してくれる「畳」の声に耳を傾ければ、

「近頃の高気密・高断熱によって密閉された通気の悪い部屋では息苦しくて、とても住めるものではありません。人間様はよくお住みになれますわね」と言っているような気がします。畳によくない環境は、人間にとってもよいはずはありません。

畳が現代の住宅からだんだん消えていくのは、洋風の住宅が多くなったからでしょう。洋服に草履を履くようなもので、洋風の部屋に畳は似合いません。畳のある部屋は、間仕切りを障子や襖にし、開放的で通気をよくしなければ畳の素材が生かされない。畳は、風がスーと通り抜けるような庭に面した和風住宅が好きなのです。

畳にごろ寝はくつろいでいる証で、不潔でも行儀が悪いことでもありません。茶席の懐石では、平気で椀物を畳に置くし、茶をすくう茶杓も畳の上に置いて拝見に出されます。つまり、畳はいつも清潔だと認識されています。

藺草畳表と藁床でつくる本畳床は、六畳間で約三リットルの吸湿能力があるといわれています。除湿器と違うのは、乾燥したら逆に水分を放出することです。適当に化学製品の芯材に畳表を縫い付けても「畳」にはなりません。本畳床に畳表を縫い付けて初めて「畳」になります。畳は本来、通気性のある木造で土壁の日本建築に合わせて開発されたものであり、厚い藁でできているので、畳自体にも通気性や温度・湿度を調整する機能が備わっているのです。

また、藺草には空気浄化の機能があり、大気汚染で問題とされる二酸化炭素の吸収率は障子紙や襖紙の数倍もあります。断熱効果もあり、藺草の茎は湿気を吸収するなどして室内を快適に保っています。言い方を変えれば、畳は呼吸しているので、通気性のある日本家屋でないとだめなのです。マンションの一室に畳だけ敷いても、本来の畳の良さは生かされず、あまり意味がないと思います。

昨今建設されているマンションや戸建物件に、和室はあっても一部屋か二部屋、畳のない住宅も増えています。その現象は都心だけでなく地方にも広がっています。藺草でつくる畳表の年間需要量は、一九九三年には四五〇〇万枚でしたが二〇〇八年には一七二〇万枚とほぼ三分の一に減少。畳業者数は二〇〇五年には約一万四〇〇〇人となり、一〇年前に比べて半減しています。畳表生産量は二〇〇九年七月から二〇一〇年六月までの一年間で四〇五万枚で、前年に比べて二七万枚（六パーセント）も減少しています。

先の今和次郎の論文と比較してみましょう。カッコ内が昭和三三（一九五八）年の数字です。

日本の一億二千六百万人（九千万人）なにがしの人間は、ざっと五千四百万石（九千万石）の米を食べ、そして住居にはざっと六千万枚（四億枚）の畳をめいめいの屋根の下に敷き込んで起居している。

一合は約一五〇グラムなので、一人一食一合食べれば、一年では約一五〇キログラムになります。現在では米の消費量は、一人年間約六五キログラムに減っています。かつては石高と人口はほぼ一致しているといわれましたが、今では米を食べる量は半分以下になっています。畳についてはさらに減少し、昭和三三年に一人約四・四枚だったものが、現在では一〇分の一の約〇・五枚になっています。稲藁畳床にいたっては、さらにそれの一〇分の一に減少しています。

ダーウィンの進化論を日本に紹介し、大森貝塚を発見したことで知られるアメリカの生物学者E・S・モース（一八三八～一九二五年）は、著書『日本人の住まい』のなかで、「畳の上で、日本人は食事を摂り、眠り、死んでゆくのである」と述べています。モースがこの本を書いたのは明治時代です。彼の目には、それほどまでに畳は日本人と切り離せないと映ったのでしょう。

この数十年の間に日本人の生活は、畳や床の上に直接腰を下ろして座る床座から、椅子とテーブルやソファーを使う畳のない椅子座の生活に変わってきました。また、米や野菜などの自給可能な食料を中心とする食生活から、冷凍や加工食品や原料を輸入に頼る脂肪分の多い食品を食べる生活に変わりました。食と住の生活様式が大幅に変化しています。米を主食とする日本の「稲」と「稲藁」は、食と住が結びついた日本文化の重要な部分です。米を食べなくなり畳に座らなくなった日本人は、ほんとうの日本人なのでしょうか。

日本の食料自給率は戦後大きく低下してきて、農林水産省の食料自給率（カロリーベース）によれば、昭和四〇年度には七三パーセントでしたが、平成二一年度には四〇パーセントまで落ち込んでいます。アメリカ一三〇パーセント、カナダ二二三パーセント、ドイツ九三パーセント、イギリス六五パーセント、イタリア五九パーセント、オーストラリア一八七パーセントなど世界の主要先進国の自給率と比較しても、日本は最低基準です。今、ＴＰＰ（環太平洋戦略的経済連携協定）に参加するのが国益に適うか否かで国論が割れていますが、参加により、日本の農業は決定的なダメージを受けることでしょう。

技術の粋を集めてつくったはずの福島第一原発が爆発し周辺の農業が大きく破壊された惨事は、日本の重大な悲劇です。戦後、近代工業を優先する施策が続き、日本の農業はその犠牲を強いられてきたのではないかと思えてなりません。赤とんぼが舞う日本の美しい田園風景がだんだん消えていくのは、何とも淋しい限りです。

足がしびれるからいやだ、と言って畳を敬遠する人は少なくありません。畳に正座することが苦手なのは今も昔も同じなのです。しかし、だからといって畳の生活をやめる理由にはなりません。畳が敷かれるようになったことと正座は深く関係しています。礼儀作法として、膝を折った挨拶とたったままの挨拶では心のあり方に違いがあり、膝を折ることで初めて心が正されることは、誰でも理解できると思います。茶道、華道、書道、剣道、柔道など、心を正して行うことで高い精神性が生まれることはよく知られています。しかし、日常生活においては、必ずしも正座だけが正しい座り方ではないようです。

小津安二郎監督の映画『晩春』（昭和二四年作）では、紀子（原節子）の友だちアキ（月丘夢路）が紀子の家を訪ねましたが、紀子がまだ帰っていないので紀子の父（笠智衆）と話していました。やっと紀子が帰ってきたので立ち上がった時に「ああ、しびれちゃった」と言うシーンがあります。他の映画でも、原節子が演じる紀子が茶の間にいる時は、目上の人がいても大体が横座りです。男たちはたいてい胡座《あぐら》をかいています。正座ばかりではなく、もっと気楽な座り方が普通に行われていたようです。

日本文化史や茶道史にくわしい歴史学者の熊倉功夫は、いろいろな文献をひも解いて「座る」ことについて説明しています。

茶人の正座はある時代まで亀居（割座）であった。公家などが肖像画に描かれる姿は楽座で、これが正式の座法であった。つまり、時代により、階層により正式の座法はさまざまだったのである。しかし、四民平等のうえにうまれた国民に対しては、そのいずれか一つを正座に決定しなければならなかった。その結果、かしこまるすわり方のひとつをもって国民全体の正座としたのである。はたして国民は何に対してかしこまったのか。ここに明治のマナーのイデオロギーが象徴されているといってよいだろう。

出典『文化としてのマナー』熊倉功夫著　岩波書店

日本の住宅、特に持ち家の平均床面積は着実に増えています。総務庁の「住宅・土地統計調査」によれば、持ち家の一戸当たりの平均延べ床面積は、昭和四八年の一〇三平方メートルから、平成一〇年には一二三平方メートルまで拡大しており、ほぼヨーロッパ並みの水準に達しています。

家が広くなった時に、人はどの部分を豊かにするのでしょうか。経済的に豊かになって付加価値をつけようという時には、「洋室のリビングルームを広くしたい」「和室を多くして畳の部屋に住みたい」という要望が多いのではないかと思います。広くしたリビングルームは風通しをよくして、フローリングを本床（稲藁床）の畳敷きにした方がもっと快適になるのではないでしょうか。親しい友人や知人が訪ねてきた時に、広間に座卓を並べて、ビールにお刺身や鍋などを囲んだ会食を楽しめば、椅子やテーブルの時よりはるかに打ちとけた雰囲気になります。座敷、茶の間、囲炉裏や掘炬燵など、みんなが同じ床に腰を下ろしてくつろぐことのできる畳のしつらえは、いまだに人気があります。

日本人の心と身体に根強く染み付いている畳をなくさせてはいけません。

＊1　ブルーノ・タウト　ドイツの建築家。昭和八年に来日し、日本の文化、特に建築に関する感想や批評を新聞雑誌に発表した。特に桂離宮に日本の伝統美を見出し、数寄屋造りのなかにモダニズム建築に通じる近代性があると評価した。

＊2　石という単位　一石＝一斗＝一〇〇升＝一〇〇〇合。一人一食当たり一合を食すれば一日で三合、一年で約一〇〇〇合＝一石になる。つまり一石は一年に一人が消費する米の量を示している。

第2章

数寄屋の魅力を活かす

土壁と左官師の技術

住み心地が良く落ち着く住宅、味わいのある住宅とは、建築の内外装が木や土や草などの自然素材でつくられている住宅、自然素材があるがままに生かされた住宅だと私は思っています。

美味しい料理が素材そのものの味を生かしてつくられるように、塗り壁もまた、自然の素材の味を生かすことによって、壁という建築の機能を超えて、素材の生き生きとした存在感を感じることができます。土の力が人を包み込み、住む人の五感を快く感じさせる何かを与えてくれるのです。

塗り壁の仕上げの肌合いは、素材を混ぜ合わせる材料ごしらえの段階から全く違うものになります。素人目にはその微妙な違いはわからないのですが、左官職人にとってはその違いが腕の見せどころといってもよく、そこに仕事の生き甲斐と喜びを感じているようです。土の素材の種類や細かさの違うものを混ぜたり量を工夫したりして、職人の感性や技能によって塗り壁に個性や表情が生まれます。ただ平らに撫でただけに見えても、職人による違いがはっきり見えます。

塗り壁は施工に手間と時間がかかります。コストが高く、標準化できない、現場管理が難しく、生産性も低いなどの理由で敬遠されがちです。近代の建築現場は合理化が第一の目的ですから、こうした職人による技術を排除する傾向にあります。左官という湿式工法よりも、手離れのいい新建材やビニールクロスなどの乾式工法に変わっていったという歴史があります。そのため、本物の土壁や漆喰壁の良さを知る人は少なくなり、壁を塗る環境も失われてしまいました。伝統的な日本家屋の壁は土壁や漆喰壁でつくられていましたが、今ではそれを見ることも難しくなりました。


本来、伝統的な日本家屋の壁は土を塗って仕上げたものです。だから「塗り」にも「壁」にも「土」の字が入っています。

雨上がりの土は柔らかで、日照りが続くと硬くなります。そんな土が壁材になります。骨材としての壁土と、収縮の緩衝材としての稲藁を水で練り合わせると一種のバクテリアが発生します。これが発酵作用を促して植物繊維を柔らかく分解し、粘着性のある糊の働きをする成分を醸成し、壁土の硬化に有効に作用するようになります。

日本酒や醤油と同じように醸成することで、土に深みのある〝コク〟が加わるのではないでしょうか。

一方、漆喰は、消石灰に苆《すさ》などを混ぜて水で練ります。塗った後に乾く過程で二酸化炭素に反応して水分が抜け、次第に固まって強固な壁に仕上がります。土、稲藁、石灰、海草とどこにでもある自然素材を水で練り、職人の手で塗り付けることによって、素朴で優しく、柔らかな空間が生み出されます。

塗り壁は木や畳と同じように、湿度が高ければ湿気を吸い、乾燥したら湿気を吐き出します。そうして長い年月に耐え、人の身体を守り、不要になると土に還っていきます。まさしく現代に求められている環境に優しい建築材料といえましょう。

塗り壁が多様な表現や美意識で語られ始めたのは、数寄屋建築が出現してからのことです。国宝の茶室・待庵の壁は、大きな藁苆を表面に散らした荒壁の仕上げになっています。そしてそのまま床の間の内部にも及びます。書画を掛けるために背面は紙張りの張付壁であることが慣習であった時代に、利休は「荒壁ニ懸物面白シ」として、美術品を飾る床の間の壁をあえて土の壁にしました。

土壁の下地には竹の小舞か板の木摺りを使いますが、待庵では縦横全て葦が通っていた、と壁を調査した安井清は説明しています。

この葦はまったく腐っていませんでした。桂離宮[*1]でも壁下地の竹は全然腐っていなかったし、びっくりしたのは縄までもが腐っていないことでした。保存さえよかったら、四百年たってもピンピンして生きています。待庵もそうですし、桂離宮でもそうでした。だから、日本人は、いかに経験を大事にしてきた民族であるかという一つの証拠だと私は考えています。（中略）四百年たった壁土がカチカチです。これを見て、土と苆の藁とが共生していると実感したものです。桂離宮の、あれだけの建物をほどいたとき、下地の縄もカチカチでした。下地縄が生きています。引っ張ってもプッツとは切れません。まだ十分に弾力がありました。

出典『伝統建築と日本人の知恵』安井清著　草思社

茶室の窓の形には、下地窓、連子窓、色紙窓、風炉先窓、墨蹟窓などいろいろなデザインがあります。土壁だからできる意匠です。下地窓は、土壁の一部を塗り残して下地の骨組みを露出したままの窓です。待庵のものは利休の考案だといわれ、下地窓といわずに「塗り残し窓」と呼ばれています。現代の下地窓は、実際の壁下地とは別に、葭や竹を編んで窓用に加工しています。

数寄屋建築の京都・島原の角屋にある青貝の間には、壁の表面に細かい貝殻を螺鈿《らでん》のごとく塗り込み、七宝散らし文・唐草などを描き出した妖艶な土壁があります。この壁に、青貝を使った「泥水匠亀松創造之　龍花堂（壺印）」という落款があるといわれています。泥水匠とは左官職のことですから、当時の職人の自信と誇りのほどがうかがえる話です。

塗り壁は、利休が美的な仕上げとして草庵茶室に荒壁を塗って以来、左官職人によって次々に新しい試みが行われ、職人の研鑽と努力によって洗練されてきました。塗り壁で壁をつくる伝統的な技法は、細かな技術的な工程は別にして、木摺り（または竹子舞）下地、荒壁、中塗り、上塗りの順で施工されます。上塗りの種類には土物砂壁、漆喰、土佐漆喰など多種多様な種類があり、施工には引き摺り、なで摺り、押さえ、磨きなど、いろいろなテクスチャーがあります。それぞれの材料と技術によって、壁面に多様な陰翳をもたらし、部屋に美しさと安らぎを与えています。

土物砂壁上塗り用の色土として最も著名なのは大阪土と聚楽土です。大阪土は赤褐色の土で、大阪・四天王寺近辺に産出するものが本場ものとされ、それ故にこの名前があります。聚楽土は、秀吉が営んだ京都の聚楽第跡地付近で採れる土です。渋い茶褐色の土で、今では市街化した京都の中心部ですから、地下鉄工事が行われる時に採れるくらいで希少価値となっています。いずれも一般に出回っているものは、他所に産する色土で既調合された仕上げ材がほとんどです。ほんものは「本聚楽」といいますが、そう簡単には手に入りません。

塗り壁は、材料ごしらえから始まります。塗り壁には水捏ね仕上げと糊捏ね仕上げがあります。

水捏ね仕上げは、壁土に微塵砂と微塵苆を入れた材料を、糊や石灰を入れずに砂、苆、水と混ぜ合わせて練ります。強固かつ耐火的で、風雨にも抵抗力があり、他のどの壁よりも塗り上がり面の風合いが良く、京壁の撫でものでは一番上級とされています。水捏ね仕上げを技術的にムラなく、肌理細かな真っ平らな壁に仕上げるには、材料ごしらえや中塗りの水引き具合の判断などが重要で、かなり経験を積んだ職人でないとできないといわれています。左官職人の世界では、難しい水捏ね撫で摺りができるようになれば、後はどんな壁でもこなせることを意味するといいます。

糊捏ね仕上げは、海藻糊を入れて水で練ります。水捏ねと同じく鏝で平らに撫で摺る仕上げですが、できあがった風合いに微妙な違いがあるといいます。水捏ねの方が土の色を帯びた苆と砂の表情が鮮明に現れ、糊捏ねはもう少しおとなしく平面的で、水捏ねに比べると味わいに欠けるといわれます。左官職人はその違いを指摘しますが、私のような素人は残念ながらわかりません。

「水捏ね撫で摺り仕上げが女王様なら、大津磨きは王様」といわれる「大津磨き壁」は、高度な技術と手間がかかります。色土に石灰と紙苆などを入れた材料で、仕上げの色土と石灰を同割あるいは色を出すために色土を多めに配合し、土の中塗りの上に仕上げたものです。下塗りの灰土の段階から鏝で光らせることが必要で、さらに引土を塗り、薄い被膜のようになるまで強く押さえ込んでいきます。

仕上げの磨きは、水を含ませた布で表面を拭き戻し、ビロードやネルなどの柔らかい布で表面を撫で上げて光沢を出します。仕上がりは見事なもので、光の加減で上品な光沢を帯びた壁面は、漆喰の磨きのような硬い光沢とは違って、はんなりと柔らかい色艶がたいへん魅力的に感じられます。

「大津壁」は、江戸時代の中頃以降、各地で一般的につくられていた壁でした。仕上がり肌は平滑で、土とは考えられないほど硬く押さえ込まれた壁面で、土だけの仕上げよりも滑らかな肌を持ち、しっとりとした土らしい質感が特徴です。材料は大津磨きとほぼ同じですが、引土には紙苆ではなく、さらし苆または麻苆を使います。灰土・引土は大津磨きと同じように塗ります。光沢は出ませんが、外壁として漆喰に次ぐ強度を持っていました。現在では大津壁に代わり、漆喰に色土を混ぜた「ハンダ壁」仕上げが主流となっています。

昔から「西京壁に江戸漆喰」といわれたように、関西では粘土質の良質な壁土が豊富に産出していました。関東平野は関東ローム層と呼ばれる火山灰層が地表を覆っているため、壁土として良質な粘土が採れなかったことから、関東では中塗り、上塗りは地域で生産される石灰を利用した漆喰仕上げが多く行われていました。

「漆喰壁」は、石灰（消石灰、貝灰）に糊と苆を混ぜて水で練り上げた材料を上塗りに用いた仕上げで、日本の代表的な壁の一つです。白い壁は奈良時代から寺院の壁に塗られ、その後、高位の貴族の屋敷、城や御殿に塗られていました。漆喰の白さは穏やかで、奥行きが感じられる独特の質感を持っています。耐水性があるために内外の壁に使われ、空気に触れて乾燥することで硬化し、炭酸石灰となります。中塗り仕舞いの砂漆喰の他、色や仕上げの程度など幅広い種類があります。

「土佐漆喰」は、高知県でしか製造されない独特の漆喰です。一般的な漆喰の原料は消石灰、海藻糊、麻苆などですが、土佐漆喰は、石灰原石に多量の岩塩を混入し土中窯で焼成してできた消石灰（地灰）に、発酵した稲藁と水を混入して練ったもので、糊を必要としない強固な粘性を持った漆喰です。築後一〇〇年を経ても衰えない風合いの美しさや堅牢性が、近年、再認識され、また、左官職人によって土佐漆喰に多様な色土を混ぜた新しい外壁が模索されています。

塗り壁を論ずるのは楽しいのですが、奥が深くてたいへん難しいのも事実です。画家が新しい絵の具や顔料を見出してキャンバスに向かうように、陶芸家が全国に土を求めて新しい陶磁器にチャレンジするように、左官職人もまた、さまざまな素材を仕上げる壁土を種類に合わせて集め、その配合や練り方について何種類もの試作をつくって研鑽しています。東京・根岸の榎本新吉氏は、大津磨きよりももっと光る壁はできないかと、八五歳で旅立たれる直前まで、持ち前の熱心さで材料ごしらえや磨きの術を研究していました。

塗り壁は、住宅のビルダーにはことごとく敬遠されています。材料費一割、職人の手間九割の世界で、職人の技能レベルはピンキリで、下地塗のつくり方から本格的な塗り壁に相応の値段はつけづらく、また、工期は何カ月、何年の単位になります。塗り壁の質は、使用する素材や塗り回数や職人の技量によって雲泥の差が生じます。できあがった塗り壁の質の値踏みは曖昧で、その価値は本質的に数量化や均一化できないものなのです。それ故、建材というよりも造形という価値判断がなされます。しかし、塗り壁の材料である壁土や石灰、稲藁、海藻はどこにでもあるもので、職人の手間代にしてもべらぼうに高いものではないのですから、建主が塗り壁の良さを実感し納得したなら、躊躇なく施工を決定すべきです。こんなに良質で価値のある壁仕立てに優るものはない、と私は思うからです。

塗り壁の種類を知り、その土や素材と材料ごしらえ、鏝などの道具やそれぞれの技術、時間変化など、どれをとっても奥深く、興味は尽きることがありません。現場に足を運び、天然素材の神秘や、左官職人の奥義を目の当たりに見ることによって、本物の妙味や美しさに触れることができ、また、職人と楽しく壁談義することで、その世界の深さを感じることができます。塗り壁は生きており、時の経過と共に色調が変わり多様な陰翳ももたらしてくれます。私たちはそれらを見飽きることなく、しみじみと楽しませてもらっています。

松が丘・松隠亭では、内壁の壁土に京都の京錆土、稲荷山土、浅黄土、白土を用いました。和室は、京錆土を水捏ね撫で摺りと引き摺りで仕上げた土壁とし、洋室は、稲荷山土の水捏ね押さえ仕上げの土壁としました。いずれも木摺りに荒壁を下地としています。

玄関周りや廊下は、漆喰に稲荷山土の色土を加え、軽い押さえ仕上げのハンダ壁仕上げとして、階段室の壁は漆喰に京錆土を色土として押さえ仕上げのハンダ壁仕上げにしました。天井は、黄土を色土とした漆喰仕上げが基本になっています。

大津磨きは、白大津磨きを洋室、赤大津磨きを床の間、黄大津磨きを廊下、浅黄大津磨きを和室の壁部分にアクセントとして用い、その磨きの効果を試みています。

また、二階洋間の南壁面の幅七・四メートル×高さ二・一メートルの大壁には新しい手法である「現代大津磨き」を施しました。「磨きの小沼」として知られる左官職人・小沼充氏の指導で、四人がかりで一気に白く磨いています。この壁には五つの窓がありますが、白く塗られた大壁の模様は大理石の岩山を刳り抜いたようなでき映えで圧巻です。室内に露出している鉄骨の丸柱も「現代大津磨き」の被覆仕上げになっています。

外壁は、土佐漆喰に色土を入れたハンダ壁仕上げです。下地は竹小舞に荒壁を塗り、中塗りに砂漆喰を用いています。

塗り壁による外壁が付け柱によって美的に化粧された外観は、日本独特の風情があり、周りの樹木と相まって美しい風景をつくり出しています。

＊1　桂離宮　一七世紀に八条宮智仁親王によって基礎が築かれた、約七万平方メートルの離宮。書院、茶屋、回遊式庭園からなり、現在は宮内庁が管理している。

外部の塗り壁は竹小舞で下地をつくる

外壁の施工工程。竹小舞に荒土壁を塗る。じゅうぶん乾いてから中塗りの土壁を塗り、仕上げに土佐漆喰を塗る

塗り壁の下地は外壁が竹小舞であるが、内壁は木小舞の下地としている。天井のアールも木小舞でつくりやすい

職人に聞く①　素材の面白さ、職人の技を追求する

阿嶋一浩（あじま左官工芸）
小沼　充（小沼左官）
高野幹雄（小沼左官）
笹原　剛（あじま左官工芸）

――松が丘・松隠亭は設計当初から、壁は土壁と漆喰でやることに決めていました。その大事な左官工事を誰に頼むか、いろいろ調べましたが、最後には近くの富沢建材さんの意見を聞いて、あじま左官工芸にお願いすることに決めました。

阿嶋　富沢建材は土壁や漆喰を専門に扱っている東京で唯一の建材屋で、左官屋は皆お世話になっています。私は左官組合青年部平成会の会長をしていた関係で、社長の冨澤さんとも親しくしていました。

――この家が、若い左官屋さんの勉強の道場になれば、とも思っていました。

阿嶋　左官は素人にも塗れるといいますが、そんな簡単なものではありません。たとえ下地の荒壁であっても疎かにすれば、仕上げの段階でそのツケがはっきり出てしまうものなのです。

――壁の下地は、外部に面したところは竹小舞、内部は木小舞を使いました。石膏ラスボードを用いたのは、漆喰仕上げの階段室周りだけです。外部の竹小舞を取り付ける間柱の間隔は三三センチとして軸組みの強度を図りました。

阿嶋　外部は黄土を入れた土佐漆喰で仕上げました。下地の荒壁から中塗りを含めて仕上げまで約五センチの厚さに塗りました。荒壁は、荒木田に藁苆を入れて現場で一年以上寝かせました。

――寝かせていた荒壁土から稲穂が出てきましたよ。ずいぶん時間がかかりました。その分、丈夫な壁になるのでしょうね。

阿嶋　それはもう大丈夫。心配いりません。竹小舞下地、荒塗り、中塗り、そして上塗りの土佐漆喰に十分時間をかけて塗った壁は一〇〇年以上は持ちますよ。

――和室の壁は京錆土、蟻壁は白土で着色しない土そのものの色を出してもらいました。

高野　部屋の壁面は糊を入れず、材料を水だけで練る水捏ね土を、撫で鏝仕上げでやりました。八畳の本席の床の間は、短い苆をうっすらと入れ、軽い引き摺り仕上げで仕上げました。

――和室六畳の床の間には、土の見本を出してもらい浅黄《あさぎ》土に決めました。

笹原　富沢建材でいろいろな土を調べ、見本塗りを繰り返し行いました。高野さんから浅黄土の割合や篩《ふるい》で細かな微塵苆をつくるなどの指導を受け、配合や調合を調整して材料こしらえをしました。

阿嶋　浅黄土はなかなか得難い土で、特別に京都から取り寄せました。

高野　床の間はハレの場所なので、特に神経を使います。着色材なしで土の自然な色を出し、品良く優しい壁を表現するために、特殊な鏝を使いながら丁寧に撫でて仕上げました。

――取次の床の間には下地窓も付いています。

高野　下地窓は竹が縦横に露出しているので、その竹の周りや縁の丸味などの塗り廻しには小さい鏝や刷毛を使うんです。見た目にきれいに仕上げるにはコツがいります。

下地窓まわりの塗り壁の納め方に鏝や刷毛を使う。職人の技術の細やかさを見る

――壁の色といい、きめ細かな塗りのテクスチャーといい、素晴らしい床の間に仕上がりました。

阿嶋　廊下や立礼席などの洋室には稲荷山黄土を使いました。並大津壁仕上げのご要望でしたが、並大津壁は弱く脆いので、漆喰に稲荷山黄土を入れたハンダ壁仕上げをお薦めしました。

笹原　土の配合割合を多くして自然な色土を強調したいとのことなので、普通より土の量は多く配合しました。

3畳台目の土壁の木小舞下地。化粧屋根裏天井に天窓を開ける。右の柱はケヤキの皮付き丸太

――窓周りや出入り口の壁などアーチ型でデザインした壁を多く用いました。大工さんもアーチ型に木小舞の下地をつくるのに苦労していました。土壁だからこそ曲面の形が自由につくれると判断して、そのデザインを多用したのですが、下塗りには相当手間が掛かっていましたね。

笹原　下塗りの前にアーチ型や曲面の原寸サイズの板型定規をつくるので、一工程増えました。

高野　仕上げ塗りの段階でも、曲面の面の取り方に工夫しました。火燈口や大きなアーチなどでそれぞれ面のつけ方を変えています。また、同じ蒲鉾面でも磨きの約物で仕上げたところもあります。

――藤田嗣治の「五人の裸婦」に描かれた「素晴らしき乳白色」の絵肌や人物画の背景の白い壁の質感はいつも私の脳裏にあって、いつかその乳白色で壁をつくりたいと思っていました。二階立礼席の南面に高さの違う五カ所のアーチ状の窓を設けた壁面を乳白色の大津磨きでできないかと、設計当初から考えていました。

阿嶋　こちらも仕事を受けた時から、磨きの壁は小沼さんの出番だと予定していました。

小沼　この壁は幅七・四メートル、高さ二・一メートルの大壁で、アーチ状の刳り貫きがあります。この大津磨きは新しいやり方で磨いた方がいいと思い、私なりのやり方でさせていただきました。榎本新吉流の小沼方式の磨き方で、現在研究中のものです。現代大津磨きといっています。

――これまでの大津磨きと現代大津磨きは材料の配合が違うのですか。

小沼　全然違います。大津磨きは最初に灰土を塗って、それが乾かないうちに引土を塗り、押さえながら磨いていきますが、現代大津磨きは、灰土や引土の工程がなく紙苆も使いません。オリーブオイルを使って磨き込みます。

――その磨きの仕上げは、小沼さん、高野さん、鈴木さん、笹原さんの四人で一日がかり、何度も何度も力を込めて磨いていました。土がだんだんと大理石のように光り輝いていく様子を後ろで見ていて、感動しました。

高野　室内の鉄骨の丸柱も現代大津磨きでやりました。丸く塗るのもけっこう難しいんですよ。

――期待していた以上に良い仕上がりで驚きました。鉄骨柱の塗装が土で磨いたものだとは誰も想像できませんね。

阿嶋　大津磨きの仕上げは、土壁の押さえもののなかで一番難しい技術です。いろいろな部屋に大津磨きを取り入れた設計をされていますね。

――そうですね。和室七畳の床の間の壁と床、一階廊下壁の一部、取次の壁の一部、一階洋室の壁も大津磨きです。特に和室七畳の床の間の床仕上げを大津磨きにしたのは、新しい試みです。

小沼　和室七畳の床の間の壁は弁柄《べんがら》を入れた赤大津磨き、その床面は油煙の煤を入れた真黒大津磨きにしました。廊下壁は黄大津磨き、取次壁は浅黄大津磨き、寝室の壁は白大津磨きです。大津磨きは力仕事ですから、一日に一枚の壁が限度ですね。非常に疲れる仕事です。

――力仕事というよりも非常に手の感覚というか目の感覚が大事な仕事ではないですか。大津磨きは、土の色と磨かれた艶に魅力があります。

小沼　大津磨きは、最初に灰土を二回塗って、それが乾かないうちに引土を二回塗り、押さえながら磨いていきますが、その下地と仕上げの材料づくりが難しいのです。

――今回、土や漆喰を磨いてつくった壁は、大津磨き、現代大津磨き、色漆喰磨きでした。大津磨きは土色そのものが渋いが磨くと粋で品がよく、色漆喰磨きは色の配合が自由で楽しく天井に良く映えます。現代大津磨きは土壁と漆喰の中間みたいなものですが、その壁はほんとうに良く光りますね。磨きのなかでどれが難しいですか。

小沼　漆喰磨きも大津磨きも一度廃れた技術です。今、塗り壁が注目されるようになったのは、それらの技術を復活させようとする野武士的な熱血職人たちが出てきたからでしょう。それぞれの職人がそれぞれの分野で新しい技法を研究しています。私は大津磨きの技法を極めたいと思っていますが、奥にはまだ奥があります。今まで何度も塗っていますが、土のいい色を出しながら無地に光らせる技術は、いつも難しいと感じています。

――小沼　材料づくりですか、鏝さばきですか。技術的にどういう難しさがありますか。

まず下地づくりですね。下地の灰土に鏝がしっかり当たらないと、色ムラになります。つまり水持ちが良くて弾力がある下地ごしらえが大事です。少し藁を多く入れるのもその一つです。藁で弾力を持たせて含んだ水がゆっくり引いていき、それに合わせて鏝で押さえながら土の粒子の高いところを潰して低いところに持っていく微妙なところが難しいですね。

――小沼　灰土の中の水が引く、水持ちがいいとはどういうことですか。

大津磨きは灰土、引土で塗りますが、その過程で色ムラが出たり、ひび割れしては何もならない。水の動きは速いので、そこをうまくコントロールしながら塗るのです。つまり水の動きを利用して、土の粒子を鏝で強く押し固めながら滑らかで硬い表面に仕上げていくのです。

阿嶋　左官界の大御所である久住親分が言っていましたよ。大津磨きも然ることながら、現代大津磨きを研究し素晴らしい成果を上げている職人がいる。左官職人のなかであれだけ完成度の高い新技法を編み出したのは小沼君だけだ、凄いですよ、と。

小沼　「現代大津磨き」は、より広い面積を磨きの壁で仕上げる技法として編み出したもので、私の師匠の榎本新吉先生が考案して、私が発展させたものです。それはいずれ誰でもできる技術です。でも、「大津磨き」はそうはいきません。これは私の永遠の研究テーマであり、最も難しいから面白いのです。この住宅ではいろいろな壁土で磨きをやりましたが、白土の磨きが一番難しかった。滋賀県で採れる「江州白」という土を使うといいのですが、今はその土は手に入りません。手持ちの新潟・村上の白土を使いました。この土も今では採取されていません。

――それはなぜですか。

小沼　白土の壁はあまりお呼びがかからないのです。白は漆喰に似ているでしょう。

ですから、漆喰と大津磨きの違いは素人にはわかりません。しかし、漆喰と大津磨きには歴然とした差があるんです。その差をわかってもらいたくて、白の大津磨きには特に力が入るのです。

―― なぜ、そこまで大津磨きの良さを追い求めたいと思うのですか。

小沼　採算的に考えたら大津磨きはやる人も少なく、将来的には消えていく技術かもしれません。でも、その良さを知る者として、何とか技術を極め、世のなかに残しておきたい。そうすれば、大津磨きの良さを分かってもらえる時が必ず来るだろうと思います。その時は、その技術の世界で第一人者でいたいのです。

―― 磨きは世界一の小沼だと。

―― そこまで極めた土壁はほんとうに素晴らしいと思いますが、その良さを理解した注文はありますか。

小沼　ほとんどありません（笑）。いつも来年は仕事が来るだろうと思っていますが、多分ないでしょう。毎年、その繰り返しです。注文がなくても大津磨きの仕事はしたいです。

―― なぜですか。

小沼　鏝です。鏝を何回も当てて材料を圧縮して壁の表面を緻密にして、鏡面に仕上げるのが大津磨きです。鏝は硬さだけでなく、しなり具合が大事です。鏝は現場で何回も何回も使うことによって、土の粒子で研ぎ澄まされていくのです。砥石で研いだものはだめで、土の材料に鏝が馴染んでいくまで使い込まないといけないのです。こういう鏝が入ると腕が格段に上がることを実感します。ですから、数をたくさんやらないとだめなのです。もちろん、大津磨きの鏝は専用です。

――それだけ丹念に仕上げる壁には究極の奥義があるのですね。プロ根性ですね。

小沼　いや、私はプロにはなりたくないのです。プロにはなるな、プロになったら守りに入り、進歩が止まり腕が落ちると、榎本先生に教わりました。いつまでも失敗を恐れずに新しいものにチャレンジしていくのが自分の生き方に合っています。

――それは素晴らしい姿勢ですね。誰にも真似のできる世界ではありませんね。ところで、そのように磨かれた壁の輝きは何年くらい生きていますか。

小沼　磨きの壁は手入れが大事です。常にネルのような柔らかい布で磨いていれば、真珠のようにいつも輝いています。一〇〇年以上もずっと輝き続けると思いますよ。

――それは素晴らしい。これからの住宅の壁は大津磨きでいきましょう。

高野　色漆喰も面白い塗り壁のテクスチャーですね。

――二階洋室の曲面の天井は、色漆喰を軍手で円を描くように回しながら撫でて模様を付けました。

笹原　色は二階の窓から見えた空の色を出してほしいとお願いしました。

――その色を出すのがたいへんでした。もっとたいへんだったのは一階洋室の天井です。そこは複雑に二重に浮いた天井で、上部の天井はピンク色系、下部の天井はグリーン色系の色漆喰クリームの磨きです。とにかく色合わせの調合がたいへんで、何度も色見本をつくりました。実際に塗ってからも、何度もやり直しました。

笹原　それは誠にご苦労をおかけしました（笑）。

――いえいえ、とんでもありません。私はまだ経験も浅いのに、最初からこの現場に関わることができてラッキーでした。担当させてもらった阿嶋社長に感謝しています。この現場で超ベテランの小沼さん、高野さん、鈴木さん、竹内さん、また最初に小間の茶室をやった斎藤さんからたくさんの技術を学びました。せっかく教わった技術をいつ生かせるか、このような現場がこれからあるのかどうか気になります。私が学んだ技術が無駄にならないように、早いうちにこのような仕事をまたやりたいです。阿嶋社長、よろしくお願いします（笑）。

阿嶋　それは、今の時代では難しい要望ですね（笑）。純和風の家をつくる人が少なくなっていますからね。それにしても、最近の建物で特に数寄屋建築で、これだけ徹底して壁面を土や漆喰で施工した例は、おそらく他にはないと思いますよ。左官屋として力が入りました。この住宅にはいろいろな土壁や漆喰の見本があります。まさに塗り壁の展示場ですね。

――塗り壁に興味のある方は、阿嶋社長と一緒に見に来てください。入場無料です（笑）。塗り壁の仕上がりの色にうっすらと斑模様ができて面白く、また光の当たり具合によって壁面にくっきりと陰翳が浮かび上がり、壁そのものが生きもののように動いて見えます。これらの壁たちの表情は時の経過につれ変わっていくことでしょう。その変化も面白いだろうと想像しています。これもまた、私の楽しみの一つなのです。

（聞き手／松隠亭　設計者）

木材と金山杉の魅力

日本の建築基準法や不動産登記法で定義している建物の構造の種類は、木造、鉄骨造、鉄筋コンクリート造、鉄骨鉄筋コンクリート造などになります。家屋を支える骨組み（躯体）が木造でできている建築物が「木造」です。例えば、柱や梁または構造壁などの骨組みを木材でつくっていれば、床・壁・天井の仕上げに木材を一切使っていなくても木造建築です。また、鉄骨造や鉄筋コンクリート造で内装材の全てを木材でつくっていても、木造建築とはいえません。

日本の住宅で木造建築というと、在来工法（軸組み工法）、ツーバイフォー（枠組み壁工法）、プレハブ工法（木質系パネル工法）、ログハウス（丸太組み工法）などがあります。

日本の木造建築は、昭和初期まで民家、町家、武家屋敷などに見られるように、大工の経験と工夫によってつくられ発展してきた伝統工法によるものでした。昭和二五年の建築基準法の制定で設計基準ができ、それまでの伝統工法に耐震性をより向上させたものに改善、さらに進んで現在の工法になりました。在来工法または軸組み工法と呼んでいます。簡単に説明すると、次のようになります。

在来工法（軸組み工法）の軸組みとは、土台、柱、梁、筋違などから構成される壁体の骨組みのことで、一般に大工が施工する建築工法です。

プレハブ工法（木質系パネル工法）は、各住宅会社が特別の認可を得てつくる組み立て工法の一種で、柱、梁などの軸部を組み上げてから、屋根、天井、壁、床などを一定の形と寸法を持つパネルで構成するものです。部材は主として工場で生産し、建築現場で組み立てます。

ツーバイフォー（枠組み壁工法）は、二インチ×四インチ（または二インチはそのまま×四インチの整数倍）の断面を有する木材と構造用合板を壁面および床面に、主として釘打ち工法によって建て、壁全体で支える構造になっています。アメリカやカナダで住宅用に開発され、昭和四九年に日本に導入されました。

軸組み工法と壁工法の本質的な違いは、軸組み工法は柱と梁からなり、一部の筋違壁（耐力壁）を除いて柱と柱の間は全て間仕切りとなる点です。間仕切りは耐力を持たないので、壁の取り外しの変更が自由にでき増改築しやすい特徴があります。一方の壁工法は、壁自体が構造体のため、仕切り壁の位置を変更するのは難しくなります。しかし、工場で加工し現場で組み立てる工法なので、大工の技術はそれほど重要ではありません。

軸組み工法について、もう少し考えていきましょう。軸組み工法では、柱と梁あるいは梁同士を接合するのに、仕口[*1]と継手が必要になります。仕口と継手には複雑な組み合わせがあるので、加工する大工に技術が求められます。また、軸組み工法は基本的に柔[*2]構造なので、地震に対しても柔軟に強度を保てるように、ジョイント部分は精巧につくらなければなりません。そこが大工技術の難しさであり、手間のかかるところです。

最近では、仕口や継手の加工は、プレカット工場でコンピュータ制御による機械加工で行うのが一般的になってきています。おかげで大工の仕事は簡単になり手間もかからないようになってきました。木材加工の機械化によって、工期は短縮されコストも下がりますが、多種多様な仕口や継手は全て単純化されてしまいます。木構造自体も単純な架構システムになり、プレハブ化の方向に進み、大工の技術も低下せざるを得なくなります。

以前に、建主から天井を吹抜けにして小屋組みの面白さを見せるデザインの要望がありました。早速図面を描いて工務店に渡したら、この加工はプレカットでできないといわれ、小屋組みの変更を要求されたことがありました。やむなく材料だけ納めてもらい、手加工でつくったことがありました。プレカットでは、丸太材や内装木材の複雑なデザイン加工はできないのです。


木の材質を吟味し、美意識を持って木組みができる大工がいなくなると、木造建築の質が落ち、純和風建築や数寄屋建築をつくることは難しくなります。木造建築のつくり方は、例えていえば、現地で採れた新鮮な食材を腕のいい料理人が調理し、美しい器に盛りつけ、舌の肥えた食通が味わう料理に似ています。良質な材料を十分吟味し、美意識のある腕の立つ大工で、建主の満足のいく住宅をつくるのです。

違うところは、建物には間取りがあり、意匠に加えて構造や設備、庭園や外構などの計画があり、各種の法的チェックを経てつくられるところです。さらに建物は存在し続け、その間、さまざまな要望を持った多くの住み手の満足に応えなければいけないのです。

建物は人間の一生より長く生き続けます。より長く生き続けるためにも、本物の木の良さを理解し、国産材の流通システムなどの合理化を図り、木材生産者や熟練大工と連携して良質な住宅を、建主との共同作業でつくる。このような住宅設計者が増えていくことを期待したいと思います。


木造建築で、内外の柱を塗り込めて木材が表に出ない大壁造りにして、延焼防止から外壁をモルタルなどの下地で仕上げる住宅をよく目にしますが、腐食による柱の耐久性に問題があるように思います。また、構造柱を同時に化粧として見せる真壁造りでは、木の強さと木の美しさの両方を兼ね備えた材料を選び、熟練した大工でつくることが必要になり、かなり高コストになると思われます。躯体を木造以外の鉄骨や鉄筋コンクリートでつくり、内装を木材や土壁で仕上げる「木と土壁の家」が最も好ましい住宅の工法ではないかと、私は考えています。

骨組みを鉄骨として木材を構造強度から解放し、木目の美しさや肌触りの良さを用途に応じて自由に選び、木材の特徴を引き出して、土壁のテクスチャーと相俟って室内環境を豊かなものにするためには、木を内装材として使用する建築デザインがいいのではないでしょうか。松が丘・松隠亭はこのような工法でつくっています。

平成八年版建設白書によれば、日本の住宅の平均寿命は、建設時期別ストック統計から試算すると、過去五年間に除去されたものの平均で約二六年です。アメリカの住宅の平均寿命が約四四年、イギリスの住宅の平均寿命が約七五年と推定されますから、日本の住宅のライフサイクルは非常に短いことがわかります。

建築の構造や住まい方に関する意識の違いもありますが、従来の日本の民家の寿命が非常に長かったことを考えると、最近の住宅の供給方法や住宅建設の状態にも大いに問題がありそうです。低コストでつくり、低年数で壊してしまう。つまり、「安かろう、悪かろう」なのです。核家族の時代になり、若くして早く家を持とうとして住宅ローンに頼り、少しでも安い住宅を手に入れようという傾向にも問題があります。住宅ローンが住宅の質を落としているのだとしたら、何とも困ったことです。

税制などに使われる法定耐用年数によれば、鉄筋コンクリート造住宅が約四七年、木造住宅が約二二年です。このくらいの年数で建物が使えなくなる、と受け取ったら、それは大きな間違いです。しっかりつくられた木造住宅は、こまめに丁寧に保守管理すれば、八〇～一〇〇年は十分持ちます。

家族構成や社会状況による社会的寿命や、空調や設備などの物理的寿命が気になりますが、つくる時にあらかじめ十分な想定をし、長期的に良質な住宅を指向した建物であれば、あまり心配する必要はないでしょう。壁工法でなければ、間取りや内装の改築、設備の変更は簡単にできるものです。

住宅は少なくとも二世代、三世代にわたって住める「耐久性があって、住み心地の良い」住居が望ましいものです。そういう住宅をつくる時に必要なのは、住宅の流行とか、カッコ良さとか、その時点での家族構成ではなく、それらを超越して住居に本質的に求める意味や価値を問うことが大切です。何世代にもわたって、住み手が快適に住み続けたいと思えるように何が必要であるか、熟考する必要があるでしょう。

住居は刹那的な仮住まいのねぐらではありません。地域に根を張って家族や近隣との絆を深めて安心して住める、心と身体の置きどころだと思います。幼少期や思春期に育った住環境は、深層心理のどこかに残っていて、その後の人生に大きな影響を与えるといわれています。住宅を建てる時の覚悟はしっかりしていなければなりません。

日本人の美意識は、四季の変化に富んだ自然の風景の中で培われてきました。日本人の持つ繊細な感性、自然を愛し、家族や地域社会を大切に思う心は、恵まれた環境のなかで育まれてきたのです。日本の家はもともと「開放的で、風通しのいい住まい」でした。四季の移り変わりがはっきりしていて、美しく豊かな自然に囲まれていたので、それを取り入れることによって、住まいも豊かなものになりました。木でつくる和風住宅の空間は、自然を感じながら住むことができるしつらえがあちこちに用意されていました。

和風住宅は、木と土（土壁、三和土）と紙（障子、襖）と草（畳、竹）などの自然素材でできています。自然素材は生きて呼吸しているからでしょうか、人間は自然素材に囲まれていることで心が休まり、母の胎内に抱かれているような安らぎを覚えるのです。住宅はやはり「木と土と紙の家」がいいと思います。日本人は木と土と紙に親しみを持っているようです。

木の表面に現れる模様は、木目または木理、木肌ともいい、大理石などを除く他の材料では見られない特徴になっています。年輪や導管などによって表面に現れる年輪模様は異なり、同じ木でも製材によって材の表面にできる木目の間隔、凸凹模様や色調の濃淡などが複雑に絡み合って、それぞれ違った表情を見せてくれます。

丸太を伐ってみると、それぞれの断面の材面*3には名前があります。年輪が材面に対してほぼ直角をなしているような縦断面の木目は「柾目面」といい、木目の紋様が平行に表れます。年輪に対して材面がほぼ接線をなしている木目は「板目面」で、山のような水紋の形の曲線模様が複雑に出ます。この他、柾目面と板目面の中間の縦断面は「追い柾目面」といい、実際によく現れる面です。このことから、板材の場合は広い面で表れる木目によって柾目板、板目板と呼びますが、角材の場合には四面に現れる木目の組み合わせで、二方柾、四方柾と呼ばれています。四方柾は実際には四面とも追い柾面が表れます。また、芯持ち材は四面共板目になります。

杉板は、生産地や材齢あるいは挽き方にもよりますが、柾目は木目が通直で、細い筆で線を引いたような、ゆらぎの線模様がきれいです。

柾目板は狂いが少なくて品が良く、得難い材です。大径木から採れる年輪が緻密で幅の広い柾目材は高価で、板目材の数倍の値段をつけられます。

板目材は、多様な模様の木肌に独特の美しさがあります。木目が異常に流れて複雑な模様が浮き出ているのを杢といい、銘木として珍重されます。
木目を美しいと感じ快く思うのは、木目の春材と夏材がほどよいコントラストを持ち、落ち着いた雰囲気があること、年齢幅が一定ではなくファジーな模様が人の視覚に新鮮さを与えているからだといわれています。黒木正胤は著書で次のように述べています。

なぜ柾目や板目を美しいと感じ快く思うのかという点について、京都大学の増田稔博士が、パターンの特徴を数量化して視覚イメージと関連づけています。
それによると、一つには木目の春材と夏材は程よいコントラストをもち、落ちついた雰囲気を与えます。第二には、年輪幅が一定でなく感じが良い原因になっています。人は吹く風に強弱があったり、時には無風になったりする変化があった方が心地がよいのと同じく、生体に対する刺激は変動があった方が慣れにくく、いつも新鮮に感じるので心地よさが持続するのだそうです。

出典『「木」の再発見―木のすばらしさと適材適所を語る』黒木正胤著　研成社

杉材は年輪がはっきりしていて、それ自体が装飾的な材料であるので、その美しさを引き出すには、それを加工する大工の技術力に負うところも多いのです。

視覚的な材色と光沢、木理の通直さや精粗、これらは木取りの仕方によって複雑に影響し、木理のいかんによって表面に現れる紋様が変化します。木材の表面では、木の種類によって木目の現れ方にそれぞれ特徴がありますから、木目模様を上手に生かすことも材料の木取りから始まります。製材や加工の技術によって木は変身するのです。

板目面で幹から遠い方の面を木表、中心に近い方の面を木裏といいます。板目面の木表は紋様が面白く、鉋をかければすべすべして美しく仕上がります。木裏では木の目が立って、がさがさした感じがします。また、板目面の板は、木表の両側が反り上がる癖があります。

戸や障子などの建具枠は、見付面を柾目面とし、見込面は木裏を外に向けて加工します。障子などの建具は、肌理の細やかな柾目を見付面に使うと上品に仕上がります。敷居や鴨居を加工する時も、木の反りによって建付けが悪くならないように、鴨居は木表を下向きに、敷居は木表を上向きにして使います。廊下などの床板は木表を歩行面にし、天井板は木表を見える方に張ります。
ところが、能の舞台では木裏を上にして張ります。摺り足で歩くために、木表では、かすかに板の端が持ち上がって歩きにくいからだそうです。さらには、木裏を上にすると床が凸になるので足踏みの音を響かせることができるといいます。木表の舞台では床が光りすぎるということもあるようです。

日本は美しい森林の国でもあります。良質な木材に恵まれた私たちは、白木の木肌に、香りに、上品で優しい木の感触に愛着を持ってきました。「休む」という字は人偏に木と書くように、日本人にとって木はなじみ深い存在です。どのくらい近い存在なのか、上村武が興味深い実験データを示しています。

よく医学上の実験に使われるマウスを、木製、金属製、コンクリート製の三種類の飼育箱を十箱ずつ用意したなかに杉のおがくずを敷き、それぞれ八週間飼育してから交配した。そのあと雄を除き、雌の分娩した子マウスを二十三日間観察した。（中略）木製の場合、子マウスの生存率は八十五・一パーセントだったが、金属製では四十一パーセント、コンクリート製では何と六・九パーセントでしかなかった。そればかりでなく、生き残った子マウスの発育状況を調べたところ、木製では体重も順調に増加していたが、金属製、コンクリート製ではかなり劣っており、特に生殖器（雄は精巣、雌は卵巣と子宮）の重量は木製に対して他の飼育箱の子マウスは半分しかなかった。

出典『木づくりの常識非常識』上村武著　学芸出版社

日本を代表する木材は檜と杉です。法隆寺や正倉院は檜で建てられており、一三〇〇年たった今でも建物の表面を削ると新しい木肌が現れ、芳香を放つといいます。伊勢神宮の造営には木曽檜が使われてきたことは良く知られていますが、どこの社寺仏閣の復元や新設にも檜はなくてはならない存在です。

檜の材は強度、材質、木肌全てにおいて優れており、木の王様といっていいでしょう。材質はムラがなく、特有の芳香と光沢があり、しっとりと落ち着いた質感があります。強く、硬く、肌がきれいで気品があり、木目は目立たず均質で、取り澄ましているような風格があります。

それに比べて杉材は、木理が通直で、年齢がはっきりしています。肌理はやや粗く、

江戸時代から続いた金山町「大美林の大杉」

辺材の材色は淡色ですが、心材は産地によって違いがあるものの、淡紅色や暗赤褐色で杉材特有の芳香があります。杉材の木肌はバラエティに富んでいて、材料の料理の仕方（製材での木取り）でいろいろな表情を現します。庶民的で、古びてくると枯淡で「さび」を感じさせます。数寄屋造りに最も適している材料です。

杉は、林として木材として、日本人が一番身近に慣れ親しんできた木だと思います。日本の木材生産量の約四割を占めています。杉林のほとんどが人工林ですが、秋田、吉野、北山などの産地によって、材質や生産システムに違いがあります。

枝打ち間伐を励行して特等無節の良材を生産し、産地の名前を冠して呼ばれる銘木材がある一方、京都・北山の磨き丸太のように、独特の品種を株立てして、年数をかけて年輪の緻密な小丸太を床柱や垂木のように仕立てる銘木店もあります、また、老齢樹では節のない製材が得られ、装飾的な価値のある材が採れることもあります。

木材の等級は化粧面での欠点のあるなしや節の数が基準となって決められますが、節があった方が天然の良さや面白さがあるとする趣向や、コスト面で手軽に扱える無垢材として人気があります。また、材面に表れる年齢や木目模様の装飾的な価値が高い場合は、杢板として非常に高い値段で取り引きされる場合もあります。木材の価格は、工業材料としての価値判断だけで決められるものではなく、工芸材料として、特殊な木材は美術品として扱われます。

あまり知られていませんが、金山杉という良材があります。山形県北東部、秋田県との県境にある小さな町が生産している杉材です。町の四分の三は杉の森に覆われ、山々には樹齢八〇から二〇〇年くらいまでの杉の美林が散在しています。豪雪地帯の金山町は夏は蒸し暑く冬は冷え込むという厳しい自然環境で、これが杉の育成に適しているのだそうです。厳しい自然に耐えながらゆっくりと成長した杉は、年輪が緻密で木目が非常に細やかで、とても美しい木肌をしています。

ゆっくりと均一に成長した金山杉は、吉野杉や秋田杉にも匹敵する良材です。それは国有林ではなく、数件の山林所有者による民有林だからできるのかもしれません。八〇年以上という長伐期・大径木生産を行っています。ほとんどが受注生産で、建物の使用用途に合わせて伐採しています。枝打ちしなくても、大径木で出るため、同質の木材を大量に揃えやすく、節のない均一で安定した製品を供給できるのでしょう。

私はかねてより、二〇〇年の木で二〇〇年持つ木製建具をつくりたいと考えていたので、金山森林組合にお願いをしました。願いが叶い、樹齢二〇〇年の金山杉を倒すのに立ち会いました。切断面は淡黄色で瑞々しく、二〇〇年の年輪がびっしり詰まっていました。元口八六センチ、末口三四センチ、長さ四〇メートルを超える通直な丸太は素晴らしく見事なものでした。

松が丘・松隠亭では、現地で製材した金山杉の木材を多数使用しています。

＊1　仕口と継手　「仕口」は二つの木材を接合するために刻んだ枘や継手などのこと。「継手」はその接合部。

＊2　柔構造　柱梁などの材を比較的小さくし、構造的な壁体を用いず、地震の時には建物などがゆっくり長い周期で揺れて細かい振動を吸収できるようにした耐震構造。

＊3　材面の名称

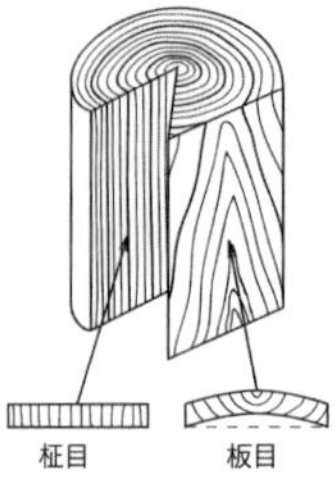

職人に聞く②　山形の里山・金山杉の魅力

岸　三郎兵衛（金山町森林組合組合長）
杉井範之（金山町森林組合参事）

――私の生家は造林業だったこともあり、設計の段階からこの家（松が丘・松隠亭）で使う木材は、国産の現地生産材を直接仕入れようと考えていました。しかし、これがなかなかたいへんなんですね。大工さんとの請負契約において、使う材料と手間とを分離して契約することは一般的にはしないのです。手間受けでいい大工を探すのも難しかったのですが、材木店を通さずに施主や設計者に直接材木を流通する木材生産者がほんとうに少ない。あちこちの木材生産地を調べて、山形の金山杉《かねやますぎ》に出会いました。杉井さんに最初に案内されたのは、金山町有屋大美輪にある「大美輪の大杉」でした。この美林には圧倒されました。

杉井　大美輪の大杉は、江戸時代から続く林業の町の象徴で、日本有数の美林です。この美林は、岸三郎兵衛組合長の個人所有です。

――樹齢は何年くらいですか。また、何本くらいあるのですか。

岸　宝暦・明和年間（一七六四～七一年）の植林といわれていますから、樹齢は二五〇から二八〇年になります。先祖代々杉林を守ってきて、私で八代目になります。本数ですが、〇・三ヘクタールに一〇〇本以上あり、最大樹高は五九メートル、最大木の幹回りは四・八メートルです。

杉井　人工林の杉では日本最大級です。金山町の人口は約六五〇〇人、総面積は約一六〇〇〇ヘクタールで、その八〇パーセントの約一万二八〇〇ヘクタールが森林です。金山町はまさしく森林の町です。

――組合長は金山町の山林の所有者と伺いましたが、どのくらいお持ちですか。

岸　約一三〇〇ヘクタールくらいです。岸家全体では二一〇〇ヘクタールほどです。

杉井　二一〇〇ヘクタールは、金山町の森林面積の一六・五パーセントの規模ですね。日本で個人が所有している森林面積の平均は五ヘクタール未満で、一〇〇ヘクタール以上の森林を持っている人はわずか一パーセント。面積では四九パーセントですから、組合長のお持ちの森林面積はかなり大きな規模になります。

――ヘクタールという面積は一般に実感がないのですが、私が住んでいる中野区の面積は一五・五九平方キロメートルです。ヘクタールに換算すると約一六〇〇ヘクタールですから、中野区に近い面積です。千代田区の一一八四ヘクタールより広いですね。

杉井　実は私は北海道の標茶町に二〇ヘクタールの天然林を親から譲り受けて所有しているのですよ。ナラやタモなどの広葉樹の雑木林ですが。

杉井　東北では秋田杉が有名ですが、秋田では、自然に育った「天然秋田杉」と人工林の「秋田杉」を区別して呼んでいます。「天然秋田杉」の標準樹齢は二〇〇～二五〇年といわれ、秋田を治めた佐竹藩の遺産です。人工林の「秋田杉」は佐竹藩から引き継いだ国有林です。

――なぜ大美輪の大杉が伐られないで残っているのかがわかりました。秋田杉は国有林なのに対し、金山杉は個人所有の民有林だからなんですね。

杉井　金山町は山形県の北東部、秋田との県境に位置しており、金山杉は秋田杉の一品種で六種類がブレンドされたカネヤマ系アキタ杉です。樹齢八〇年を超えた「金山杉」を「長伐期大径木」のブランドで出しています。雪深く冬の長い気

樹齢80年を超えた金山杉を「長伐期大径木」のブランドで出している

候で育つため、成長は遅く均一に成長します。木目が非常に細かく、木肌が赤みを帯びていることが特徴です。

――伐採樹齢を八〇年とする三世代四世代にわたる長伐期サイクルの林業経営は、大山林所有者の組織的な維持管理があって初めてできることなんですね。

岸　伐採量と育成に要する年月を考えた時、現在のように木材価格の低迷が続き国産材の利用が減ると、長期計画のサイクルが崩れる恐れがあります。

林業家にとって、成長量と伐採量のバランスと売り上げの確保、特に伐採量の維持は常に頭を悩ます問題です。林業経営の基本は、木の成長量に対してどれだけ伐採するかです。成長量より伐採量が多い場合には概ね樹齢の高い木から伐りますから伐採する木は時と共に若くなり、長伐期大径木の林業は継続できなくなります。場合によっては時には伐採量を減らしてでも、理想の山林経営を可能にする新たな方法を模索しなければなりません。

――杉井さん、私が金山杉を気に入ったわけはわかりますか。

杉井　それは金山杉が良かったからでしょうか（笑）。あえていえば、八〇年以上という樹齢の長い杉を伐採して大径木材の生産システムをとっていることかな。枝打ちの手間をかけ早期伐採の生産方式に拠らなくても、長樹齢の大径木であれば、節の少ない良質な材をいろいろ揃えることができるのです。

――それもありますが、杉井さんは設計者や大工の使う材料のコツを良く理解しているからですよ。杉材は木目がはっきりしていて、その木目をどう使うかが勝負でしょう。利用目的に合わせた木取りがしっかりできていて製材されているからです。

杉井　お誉めいただき、ありがとうございます。私どもの金山杉は受注生産方式をとっています。いつ、どこで使う板材や枠材が必要だとか、天井材に使う柾や杢を挽いてほしいという、いろいろな発注者の注文に応じて、立木を選木、伐採、玉切を経て、製材、乾燥の後に製品として経済的な価格で納めています。

――一般的な住宅では天井材や床材は張りものがほとんどですが、松が丘・松隠亭では美しい金山杉の木肌と木目を生かして、八畳の天井に幅三二センチの中杢を羽重ね張りにしました。杉杢が映えて素晴らしいでき上がりです。また、入側の鶴翼の斜め天井には目の詰んだ幅一一センチの柾目を用い、小舞に細く加工した赤杉を使いました。垂木の杉磨き丸太に良く調和したきれいな仕上がりです。幅の広い杢板や柾板を揃えるのは、相当大径の杉でないとできないのでしょうね。

杉井　立木の段階から木目を想定して伐採するのですが、杢のいいものが得られるかどうかは、倒して製材してみないとわからないのが実情です。また、幅広のいい柾目は大径木でないと採れません。

――建具に使う木は、二〇〇年以上の赤杉を使いたいとお願いしました。

杉井　金山杉は伐採樹齢八〇年以上の大径木ですが、その程度では赤杉の柾は採れません。私有林の中には樹齢二〇〇年以上の銘木もたくさんあるので、山林所有者に話して伐採することができます。使用する目的がはっきりしていると、山持ちの樹齢の高い木を選んで伐採し、効率の良い木取りをして良質な材を提供できます。

――幅一二〇センチの引き戸で鏡板九〇センチの一枚ものの杉板を使いましたが、この杉板はどのくらいの樹齢でしたか。

杉井　樹齢三〇〇年に近い金山杉を納めさせていただきました。

――杉材だけでなく、栗材、山桜材、桂材も使わせていただきました。これらは地元産ですか。

杉井　栗や山桜は山形で採れます。桂は金山産、長さ六・三メートル、幅四五センチの桂の大板も地元のものです。金山森林組合は金山杉だけでなく、他所から木材をたくさん購入して製材し、製品として販売しています。

――桜と栗は非常に硬い木なので、敷居に柾目のものを使いました。桂はカウンターなどの小板に数多く使いました。また、床板の縁甲板に無垢の栗、桂、桜の板目材を使いました。

杉井　これだけの無垢板を使っていただいた例は他にありません。しかも、床暖房の上に無垢材を使うことは普通敬遠されます。木の性質を知って上手に使っていただけるのは、たいへんありがたいです。

――一般に無垢の縁甲板（フローリング）や天井板を目にすることはほとんどありません。ですから興味を持つ人は少ないし、その良さに関心がないのです。見慣れているのは均一できれいな柾目の張りものなので、まだら模様の素朴な板目の床板や天井板は、むしろ汚く粗野に見えるのかもしれませんね。

岸　それは残念です。私たちは無垢の材料の良さをもっとアピールしなければ。木の素材の良さや、その神秘性が理解できないのは、日本人としてさびしいことですからね。張りものの床材は一〇年もすると新聞紙のようにペラペラになり劣化しますが、無垢板のフローリングは年数が経てば経つほど味わいが増していきます。

――ところで、桂、栗、桜の板目を張りものに使ったフローリングはありませんね。

杉井　張りもののフローリングとは、狂いの少ない合板にごく薄い突き板を張った複合フローリングのことをいいます。柾目板の張りものはきれいですが、板目ほどの面白さはないですね。金山森林組合では、突き板や集成材は生産していません。

――無垢板は張った後に反ったり継ぎ目が開いたりして狂うこともありますが、床板などは人間が直接触れる場所です。その肌触りの感触の良さは、板についた傷さえもいとおしく、多少の欠点を補ってあまりある存在です。何しろ自然素材の複雑でバラエティに富んだ板目の木目は情緒に富んでいて、見飽きない面白さがありますからね。

（聞き手／松隠亭　設計者）

銘木と木場の銘木店

木材の木地に人は自然を感じています。木肌や皮肌には、自然素材の持つ多様な美しさや瑞々しさ、温もりが感じられ、安らいだ気持ちになれます。木は呼吸しているので、さわやかな空気がいつも部屋中に流れているようです。なかでも丸太は土壁や畳にも合い、もっと人を自然に近づけてくれるように思います。

数寄屋建築は、一般の木造建築と違い、自然にあった時のままの状態の木を多く使うのが特徴です。杉、赤松、辛夷など製材せず、皮付き丸太や磨き丸太として使います。これらは「丸もの」「銘木」と呼ばれる数寄屋材です。

銘木とは、部屋の内装に使われる天然の美しさを持った木材のことで、形状や色艶、木理、材質が珍奇で特異な趣を持っています。施工後からだんだん風合いが出てきて、一〇年くらい経つと一番美しい姿を見せたりします。

天然の丸太はどれとして同じものはなく、それぞれに風情があります。曲がったものや節のあるもの、細いのや太いのなどまちまちで、また一本の木でも元口と末口で太さが違います。自然にあったままの木の姿を生かして使うのが面白いのです。立木の時からわざわざ人工的に絞りを入れた杉の絞り丸太などは表面の皺が面白く、床柱などに使われます。

小間の茶室には台目畳と炉の間に曲がった丸太柱を用いるのも数寄屋建築の特徴です。掛込天井などでは、垂木に杉の磨き小丸太や竹をなども使います。

数寄屋普請では、材料の吟味が大切です。どういうところにどういう丸太を使うか、「使いどころを得る」と言いますが、この見極めがたいへん難しいのです。丸太を始めとする天然素材をどう生かしてどう納めるかが、数寄屋建築の見どころです。

数寄屋大工の技術は、「丸もの」や「銘木」を扱えるかどうかの技術で評価されます。自然の丸太は生きものですから、その素材を生かせるかどうかで、建物は上品にも野暮ったくもなります。材料の良し悪しもさることながら、大工の技量と感性によって全然違ったものになります。例えば柱の場合、節のある丸太のその節をどう見せて使うか、見えるところをどこに持っていくか、曲がっている皮付き丸太の軸心をどの面で通すのか。面皮柱[*1]の面の付け方や見せ方の良し悪しも数寄屋大工の力量で決まります。

また、丸太同士を合わせる時に、コンパス状の「くちひき」という道具を使いますが、これをうまく使える大工はごく少数の数寄屋大工です。きれいにぴちっと合うまで、何度も嵌めたり抜いたりしていて枘《ほぞ》などが緩んできてはたいへんです。丸い柱に丸い横材、太さが違う横材同士をきっちり納めるには相当な時間がかかります。こうして数寄屋建築は、普通の住宅の数倍の手間がかかります。普通の住宅の大工手間が一坪あたり五ないし六人工くらいだと、丸ものを扱う数寄屋大工は二、三〇人工くらいかかることになります。

現代では木造建築の文化そのものが風化しつつあり、木を知って木を味わう文化がますます心細くなってきました。日本の伝統的な建築文化をこよなく愛するしたたかな建築主が少なくなり、数寄屋大工の技術を持つ職人や土壁の左官技術に長けた職人など、数寄屋建築に関わる職人が絶滅状態にあります。はなはだ残念なことです。

住宅、旅館、料亭などで数寄屋の手法を取り入れた建築を「数寄屋風建築」あるいは「普請」、「数寄屋造り」または「数寄屋建築」と呼びます。

しっとりと落ち着いた風合いのある土壁、木目模様が美しく柔らかい無垢の木、いつまでも見飽きない変化に富んだ天井、細い木組みの骨組みに和紙を張った障子や襖、いろいろな丸太や銘木などの数寄屋材で構成された室内空間など、数寄屋建築でつくられた家は、日本の文明がつくり出した生活環境を演出しています。

感動的な共感をもたらす住宅は、経済的・機能的・効率的に住むための機械でも、耐久消費財としての器でもありません。それに応えられる住宅は、一見単純そうに見えて実は複雑な前近代的な建築様式である数寄屋建築ではないだろうか、と思います。

住宅は核家族だけの個人的なものではなく、世代を超え、地域との交流をし、趣味遊芸の場であるための豊かな空間であり、人々の共感と感動を呼び起こすものでなければなりません。数寄屋建築に新建材は興ざめです。新建材でつくられた住宅は、完成した時が一番きれいですが、すぐに劣化が始まり、数年もすると見苦しい姿をさらけ出します。

銘木の代表的な木材に、杉の磨き丸太や絞り丸太があります。木そのままの形で、枝打ちによって人工的に節を消し木肌が美しく真っ直ぐな丸太。樹皮を剝いて仕上げた磨き丸太は、自然の風合いを残すところに特徴があります。また、天然の絞り丸太は立地条件によって後天的に絞りがつくため、数十万本に一本の割合でしかできないので希少価値があり、最良の材に位置付けられ、価格も破格なものになっています。この希少性が数寄屋材として重んじられ、北山地方や吉野地方で絞りを人の手によってつくり出し、人造絞り丸太として量産化しています。

一本の杉株から年代の異なる数〜数十本の樹幹を立てて、丸太材や垂木に必要な太さを台杉仕立てでつくる杉の小丸太があります。需要の激減で、その造林畑が荒廃しているようです。さらに、樹皮をあらかじめ立木の段階で剥いでおき、表面に菌類などによる茶褐色のまだら模様をつけた檜の錆丸太や、正角の杉材の角に木皮が残っている面皮柱も数寄屋建築では多用されています。

その他、自然木で赤松天然丸太、辛夷皮付き丸太、良母皮付き丸太、欅天然丸太、椿皮付き丸太、百日紅《さるすべり》、樫、花梨《かりん》など多種多様です。また、床の間の周りには、床柱の他に床框、落掛け、床板などに杢目の美しい銘木が選ばれます。

数寄屋材としては他に、真竹、晒竹、白竹、芽付晒竹、女竹、煤竹《すすたけ》などの竹類がよく使われます。天井材では、葭《よし》、蒲《がま》、真菰《まこも》や各種網代があり、これらは銘木店で手に入れることができます。

銘木店は、一般の材木店と違い、あらゆる種類の数寄屋材を取り揃えています。もし、店に置いてなければ、全国から集めてきます。

例えば煤竹ですが、これは古い藁葺き民家の屋根裏や天井から採れる竹のことで、一〇〇年から二〇〇年以上という長い年月の間に、囲炉裏の煙で燻されて独特の茶褐色模様が自然に付いてしまったものです。煙が直接当たったところや縄が巻かれていて変色していないところがあり、一本の竹でも濃淡が出て美しい表情のある、いわば骨董的な竹です。昨今は手に入りにくく、一本で数万円以上するものですが、これを銘木屋はどこからか探してくるのです。

松が丘・松隠亭の待合六畳の天井に、杉材の特殊杢板を浮造りにして敷目に張ってみたいと思ってあちこち探したところ、東京・木場の木下銘木店に素晴らしい春日杉の杢目の無垢板がありました。非常に高価で、白隠の掛軸一本くらいのお値段で、とても手の出るものではありませんでした。しかし、掛軸は時々床の間にかけて楽しむものですが、天井板は毎日何十年も眺めて楽しむことができるのではないかと考えると、買うことに勇気が湧いてきました。

木下銘木店には、銘木、珍木、変木、奇木の名品がたくさん置いてあり、何度も通って目を楽しませていただいているうちに、ほとんど出ることのない天然の吉野の檜を手に入れたので、是非使ってほしいと誘われました。あまりにも素晴らしいので、ついつい買うはめになり、玄関の式台に使うことにしました。

楠の板もそうです。芳香が良く、昔は厠によく使われていた床板材ですが、今では楠を床に張ることはほとんどしません。どうしてこんな楠の厚板を銘木店の社長が仕入れたのか、判断に苦しみましたが、結局これも使うことにしました。

広間の茶席の隣にトイレを設けていたので、匂いや音が気になっていたのです。気分的な解決策として楠を使ってみようと、床板、腰板に暑い楠板を市松模様に加工して張りつめてみました。また、手洗いのカウンターにも使ってみると、とても効果的なでき映えとなりました。銘木店に感謝しています。

数寄屋材は銘木店でないと手に入りませんが、銘木は通常の規格木材と違って、それぞれの木には特徴があり表情も違うので、それを理解して買い求めるのはかなりの専門知識が必要となります。銘木店は、銘木を愛し、良し悪しの目利きができて、数寄屋の感性を持っていることが必要で、ある意味では骨董屋と似たような仕事といってもいいでしょう。最近は、数寄屋建築をつくる人や数寄屋建築を理解する客が減ってきているでしょうから、銘木店にとってもたいへんな時代になったのです。

＊1　面皮柱　正角の木材の角に木皮が残っている部分の木皮を剥がしてつくる野趣に富んだ柱材。

職人に聞く③　銘木の良さを理解して使っていただければ本望

木下博子（木下銘木店）
立林啓次（木下銘木店）

――木下博子社長は何代目になりますか。

木下　木下銘木店は、ここ木場に父が昭和二二年に創業いたしました。今年で創業六五年目になります。私は二代目の社長です。

――終戦は昭和二〇年ですから、昭和二二年というと戦後の混乱期ですね。昭和二〇年三月一〇日の東京大空襲で江東・墨田・台東区はたいへんな被害を受けたようですが、木場はどうでしたか。

立林　木場も全焼しました。その廃墟のなかで先代の社長は木材業を始めたのです。何しろ戦災焼失による住宅不足に資材不足が重なって深刻な住宅難が生じ、全国での住宅不足は四二〇万戸といわれた時でしたから、何か期するところがあったのでしょう。

――木場には江戸の木材業誕生の頃から、全国から集まる木材の問屋としての「木場三〇〇年の歴史」がありますね。昔の木場には、筏や鳶や木遣りというイメージがあり、丸太材の集積場という印象があります。全国から木材を集めて材木店に卸すという卸問屋のイメージです。

立林　確かに木場は、日本各地や外国からさまざまな木材を集めて、関東周辺の材木店に加工した材木を卸して発展してきました。しかし、戦時中は木材統制法で、木材業は一年期限の営業許可制でした。お米と同じように特定の人しか木材を扱うことができなかったのです。戦争が終わって昭和二一年に木材統制法が廃止され、許可を受ければ木材業の営業は誰にでもできるようになりました。戦後は木材業も一変し、繁栄しました。

――木材業にも原木、木材、材木、銘木などそれぞれ扱う専門業者がありますね。どうもそこがわかりにくいのですが。

立林　原木屋は、製材される前の伐採した状態の木材を扱う業者のことをいいます。現在では外材などを電話一本で扱っている会社が多いのではないでしょうか。

木材業とは、木材売り市場や木材販売などの木材の流通を扱う業種をいいます。よく材木を扱う業者を材木商とか材木店とかいいますが、木材業と材木屋とは明確な区別はないですね。材木商協同組合は昭和二一年に設立されています。

――銘木市場は、最初からそれらの木材や材木市場とは別にあったのですか。

立林　桂離宮にも使われているように、銘木は昔からあったのですが、戦時中は住宅事情も悪く敬遠されていました。戦後になり八〇名の銘木業者が集まって、昭和二二年に東京銘木林産組合が発足しました。その後、東京銘木事業協同組合と改称し、昭和三一年に東京銘木協同組合に改称され現在に至っています。

――戦後の住宅不足の時から、先代は銘木を扱っていたのですか。

木下　そうです、最初から銘木問屋です。よほど銘木が好きだったのでしょうね。

――木材屋と材木屋の違いはあまりないということですが、銘木屋については、木材を扱う範囲がかなり違いますね。どれを銘木というのか何か決まりがありますか。

立林　財団法人日本住宅・木材技術センターでは、「材面の鑑賞価値の極めて高いもの」「材の形状が非常に大きいもの」など、九項目を挙げて定義しています。

たぐいまれな高齢樹、入手困難な天然木や由緒のある木など、希少価値や鑑賞価値のある木材をいいます。つまり、形状、材質、色、艶、木目などが優れた木材のことですね。

――そうすると、銘木を扱う業者は、材料の仕入れから販売まで木材業者や材木業者とは違ってきますね。

立林 扱う材料に違いがありますが、取り扱う業者については一概にそうとはいえません。それぞれを兼ねている業者もおります。

木下 私どもは、材料の仕入れについてはどこからでも、どの業者とも取引いたします。納める先は銘木問屋ですから、全国の建材店や材木店に卸します。最近では、わずかですが、工務店や大工さんが増えてきました。お客様に直接販売することはまれです。松が丘・松隠亭の場合は、建材店と工務店の二つの流通を飛び越えて納めたことになります。

――エンドユーザーに近いところで販売していると、お客さんの声がわかって時代のニーズがつかめ、仕入れなども新しい感覚でできるのではないでしょうか。

木下 建材店に納める場合でも、お客様のニーズは聞こえております。今ではむしろ、お客様のニーズに合わせた材料を要請されることが多くなりましたね。お客様のニーズに合わせて販売するのは基本ですが、お客様に合わせすぎますと、銘木店ではなく建材屋になってしまうとも思っています。板材も今はほとんどが張りものです。残念なことに、工務店や大工さんでも無垢板を注文される方は少なくなりました。銘木店としては、やはり無垢の木を扱いたいですね。

――床柱、床框、床板、落掛け、木下さんの店にはいい銘木がたくさん置いてありますね。私は、桐の床柱が一番気に入りました。珍しいイチイの床框も手に入れることができました。落掛けも春日杉の木目のいいものを見つけました。

木下　そのように床周りの銘木を買ってくださる方も少なくなりましたね。大体、床の間をつくる人が少なくなりました。床柱を電話で注文してくるハウスメーカーさんもいますよ。一本いくらするのか聞いて、それを何本送ってくれと。床柱は見て触って、気に入って買っていただきたいと思いますけれど。

――買ってくれるだけでもいいじゃないですか。床の間があるということですから。檜、杉、松などのいい木目の無垢板もたくさん在庫していますね。

木下　ありがとうございます。木材市や入札で気に入った木目のものが出ますと、つい手が出てしまいます。

――木材を仕入れる時には、仕入れた材を買ってくれるお客さんをイメージしていますか。これはあのお客さんに気に入ってもらえるのではないか、あの大工さんに使ってもらえるのではないかと思われますか。

木下　いろいろなお客様の好みを知っていますから、それは大いにあります。しかし、それよりも私自身が気に入ったものであれば、お客様を意識しなくても買います。私が仕入れたものは、いつかは皆さんに気に入っていただく自信はあります。

――それはなかなかできることではないですね。木が好きなこと、木を見分ける確かな目があること、それにもまして、他の人は気がつかない価値のある変わったもの、上物を買う度胸があるということではないですか。

立林　確かにそういうところがありますね。傍で見ているとハラハラします。相談を受けても、何とも判断できないものに目が向いていますよ。社長には銘木に対する愛情というか、今の時代が求める銘木の価値判断に対する鋭い感覚があると思いますね。

――そうですか。木という素材の美しさを新しい目で見ているのでしょう。新しい変わった銘木だけでなく、倉庫には、屋久杉、神代杉、春日杉などの骨董的な板材がありますね。これは先代が仕入れたものですか。

木下　これらは倒木でもない限り、今では伐採できませんので、何十年も前に出されたものです。先代が仕入れたものもありますが、私が市で買ったものもあります。

――私は、笹杢の春日杉を六畳の天井板に使いたくて、しかし、あまりにも高いので「少し安くしてください」と一年くらいかけてお願いしました。立林専務さんは「あれだけ気に入ってほしいと言っているのだから、安くしてもいいいんじゃないの」と言ってくれましたし、私はリースでもいいから使わせてほしいとお願いしましたが、博子社長は最後まで負けてくれませんでした。ついに負けたのは私です。いずれは買うだろうと読んでいたのですか。

木下　そうではないのです。一〇畳用の天井板を六畳に使うのはもったいないと思ったんです。だからといってバラして売るわけにはいかないでしょう。その分、安くするというのでは、銘木がかわいそうです。それと、ほんとうはあまり売りたくなかったのです。あんないいものは、私共でもそうそう手に入るものではありませんから。

――まず六畳の天井板に、余ったものは縁側の天井とその部屋の腰高障子の腰板に、さらに端切れは入側にある戸袋の舞良戸に使いました。いい材料なので、それぞれにいい感じに納まっています。

木下　良かったじゃないですか。値段にこだわるわけではないですが、その代わり、他のものをずいぶん安くしてさし上げたでしょう。何百年という年代物の楠の厚板とか天然の吉野檜だとか。

――そうですか。私は押売りかと思いましたよ。その銘品をどこかに使うという予定が全くなかったものですから。

木下　それは悪い冗談ですよ。

――そうです。冗談です。いい素材を与えられて、それをどう生かすかは、調理師いや設計屋の腕ですから。この場合、設計に沿って材料を選ぶのではなく、使う材料によって設計の考えを変えるのです。玄関の式台は当初、幅七二センチの檜板を使う予定でしたが、幅四五センチのその天然檜に変えました。そのために玄関の雰囲気を変えました。余った分を台所の調理台に使いました。また、便所を少し広くして、その年代物の楠の板を市松模様に加工し、床板、腰板に使いました。手洗いのデザインも変更して、カウンターにも使いました。

木下　しかし、私は、使い方に納得がいかないのですよ。何百年という高齢樹の大径木が珍しく、存在そのものに価値があるのです。そこから採れる幅広で長尺の一枚ものの杢目や肌合いが得難く貴重なのです。それがこの銘木の価値なのですから。それを細かく裁断するなんて信じられません。銘木たる価値を下げています。

――　確かに幅広の一枚板は迫力があり、これぞ銘木という、素晴らしいものです。しかし、数寄屋建築は一点豪華主義では困るのです。空間全体のバランスがありますからね。銘木の良さをしみじみ感じてもらうためにも、少し控えめな形で使わせてもらいました。せっかくの幅広や長尺を裁断して使うのは贅沢な使い方だと思いますが、どんなにわずかでも杢目の良さや肌目の美しさは変わるものではないのですね。天然の檜も楠も、水を含ませるといい香りがします。木はいつまでも生きていますね。

木下　もちろん、銘木の良さを理解して使っていただけることが一番うれしいことです。実際に銘木をどのような場所にどう使うかは、銘木を扱うものと設計をされる方とでは意見が食い違うこともあります。今回、でき映えを見せていただき、こういう使い方もあるのだな、と参考になりました。

――数寄屋建築をつくる時に、銘木は欠かせないですね。

木下　いいえ、銘木があるから数寄屋建築になるのでしょう。今回は、絞りの杉丸太や椿などの皮付き丸太などたくさんの丸太柱を使っていただきました。

――木下銘木店に行くと多種多様な銘木が揃っていて、どれも珍しく欲しくなるのです。たいへんな散財をしました。

木下　そんなことはないでしょう。いいお金の使い方をされたと思います。木は、選んでくれた方の傍でずっと生きていますよ。

立林　銘木の柱は、一般に床柱に使われます。銘木の柱はそれぞれに特徴があり、姿かたち、いろいろな角度から見ていいものが選ばれます。ですから、今回のかなりの本数の銘木がどのように使われているのか、興味がありました。伺ってみると、ほとんどが床の間を外して使っているのに驚きました。

木下　私も、大切な銘木たちがどのような生活をしているのかを拝見して、たいへん驚きました。あれだけの銘木が、見せびらかしたり出しゃばっている雰囲気は全くなくて、周りの土壁に溶け込んで落ち着いている。それぞれが自分のいい表情を見せて納まっていました。やはり木というものは、いい買い主さんに買っていただいて、いえ「飼っていただいて」ですね、上手に扱っていただくといいものだなぁ、とつくづく思いました。銘木もこんな使い方によっても生かされるのだと参考になりました。お役に立ったことを実感し、銘木屋の誇りを感じました。

――そう言っていただけるとありがたいですが、やっぱり無垢材の銘木は高いですね。

木下　そんなことはありませんよ。京都に着道楽、大阪に食い道楽があるでしょう。着道楽や食い道楽は個人的なもので身上を潰すこともありますが、衣食住の住にあたる普請道楽は身上を潰すことがありません。いい材料でつくった家は末代まで繁栄しますよ。

――木下銘木店も無垢のいい銘木をたくさん扱って、いつまでも繁昌してください。

木下　ところがそうはいかないのですね。いい銘木をたくさん買ってくださるお客様はあまりいないのですよ。ですから銘木の範囲を広げて、若い木でも建物の内装に使えるような素材としていいものや、インテリアとして映える木目のきれいな板ものなども扱うことにしています。

立林　今は張りものが主流です。うちでも張りもののウエイトが高くなってきています。数寄屋大工さんは別にして、現場で無垢材を扱える大工さんはほんとうに少なくなっています。ほとんどが張りものに加工されたものを現場で取り付けるだけです。したがって、うちでも大工さんが取り付けるだけですむように、仕事の一部をお手伝いさせてもらっています。受注してから工場で材料を張りものに加工して納めているのです。

――そうですか、銘木屋さんにもそうした仕事を求める時代になっているのですか。設計や大工のお手伝いをするということは、建築の知識やデザインのセンスがないと、なかなかできるものではありません。それは博子社長だからできるのでしょうね。しかし、無垢材は使わないにしても、集成材、積層材、張りものまでは理解できますが、ビニールシートに木目のプリントはいただけませんね。

木下　日本は木の文化ですから、まがいものの木では、日本の文化は廃れますね。

――建築を学んでいる最近の学生に「銘木って何ですか」と聞かれたことがあります。木という自然素材の良さや銘木の魅力に、もっと興味を持ってもらいたいですね。

木下　うちに来て、木の感触にスッと入っていける人は、小さい時に銘木のある家で育った人ですね。この人は小さな頃から人肌と木肌とが触れ合う環境で生きていたのかなぁ、と感じます。

――後継者のことですが、社長さんには東京学芸大学で美術を学んだお嬢さんがいらっしゃいましたね。

木下　もののデザインやつくることが好きなようですが、銘木が好きかどうかは聞いたことがありません。今は歌舞伎座の舞台の小道具を担当しているようです。これからの銘木店は、新しい発想で時代に合った創意工夫が必要ですから、そのセンスはあると思いますが、後を継いでくれるかどうかはわかりません。

――木の香りにどっぷり浸かって育った蛙の子は蛙です。銘木屋は、木のある環境で育ち、木の感触が身体に染みついていないとなかなかできない仕事だと思いますよ。若い人は十分時代の先を読んでいます。これからも銘木の世界はすばらしいと思っているはずです。大事に迎えてあげてください。

（聞き手／松隠亭　設計者）

障子と建具師の技

庇をくぐり、廊下を通り抜けて差し込んでくる庭の陽光は、障子の細木の組子と白い紙で濾過され、微妙な陰翳を醸し出し、室内の空間を豊かにします。かつて伝統的な日本家屋には必ず障子があり、日本人は障子を通して差し込む柔らかな光に包まれて暮らしてきました。障子を通して入ってくる光は、明るいけれどもまぶしいとは感じない、柔らかく優しい光です。この光と影の美しさを日本人は好んで大切にしてきたのであり、日本人の美意識はそこにあると思います。

障子は、平安時代に生まれた屏障具《へいしょうぐ》と呼ばれた間仕切りで、襖障子、唐紙障子、布障子、透し障子、板戸障子、衝立障子、明かり障子などがありますが、現在では明かり障子だけを障子といっています。明かり障子は、縦横の框と組子によって枠組みをつくり、片面に和紙を張って、透過光を内部に取り入れる建具です。室内の開口部や窓を美しく演出するインテリアエレメントとしても優れた、日本独特の建具といえるでしょう。

障子には、組子の組み方による種類とは別に、機能から生まれた形状による種類もあります。大きなところでは、障子全面に紙を張った「水腰障子（腰無障子）」と、下部に板を張った「腰付き障子」に分かれます。

腰付き障子は、かつて障子が外部建具として使われていた名残で、板張り部分は雨から守るために付けられていました。したがって、腰の高い「腰高障子」の方が発生は古く、今でも古い民家などに見ることができます。腰の高さが低くなるのは、障子が内部の建具として使われるようになってからのことで、最近では「水腰障子」の方が一般的になっています。伝統的な座敷などの空間に入る障子は、やはり「腰付き障子」にした方が落ち着きますが、障子本来の軽やかさが欲しい場合や日常的な空間には「水腰障子」を使うといいでしょう。

障子は、閉めたままでも庭などがうかがえるように、その一部に透明ガラスを入れたものがあり、俗に「雪見障子」と呼ばれています。これは、障子の下部にガラスと小障子を嵌め込み、小障子を摺り上げることで外部の様子が見えるようになっています。左右に移動する小障子を入れたものは「猫間障子」と呼ばれ、「引分け猫間障子」と「片引き猫間障子」があります。さらに、障子を壁のなかに全て引き入れてしまう「引込み障子」は、明るさや庭の景観を室内に取り入れる効果があり、日本間に変化が生まれます。

障子に使われる組子の素材は、小間の茶室では赤松や赤杉、広間では赤杉や檜が多く用いられます。国宝の茶室・待庵の障子の組子は竹です。時に框を漆塗り仕上げとした塗り縁の障子もあります。

腰付き障子の腰板には、一枚の杢板を腰板として張るもの、きれいな木目の柾板張り、枌板を目違いに二枚重ねにして隙間ができないように縦張りとしたものがあります。さらに舞良《まいら》という細い桟を取り付けたもの、桟にも縦や横に吹き寄せたものがあります。

重要文化財・燈心亭の腰高障子は、籐の太い蔓をリボン状に加工したものを腰高に張り付けてあります。国宝・密庵席[*1]の腰高障子は、腰の高さ二・二尺、横舞良桟は吹き寄せ、框と舞良桟は赤溜漆塗りで、腰には遠州好みの銀地に七宝繋ぎの雲母摺りの唐紙を張っています。いずれも腰の意匠として特に優れており、素晴らしいものです。

松が丘・松隠亭の六畳間の天井を春日杉の無垢板で敷き目張りにしましたが、その春日杉の共板を障子の腰板に使っています。横桟を吹き寄せにした腰高障子三枚を引込みとしてデザインしましたが、面白いでき映えになったと思います。また、池に面した入側に竹組子の障子を用いましたが、その竹の節の陰影が印象深い効果を上げています。

小間の茶室の障子では、障子紙一枚の幅ごとにできる継ぎ目を障子全体に市松模様になるように張る「継ぎ目張り（石垣張り）」にすることがあります。赤杉や竹の細い組子のグリッドのなかに紙の継ぎ目が見えるデザイン張りの障子で、その美しさは畳や土壁でできている狭い茶室空間によく調和します。

障子紙は透光性の良い薄い紙がいいのですが、破れにくい粘り強さが必要であり、価格も安いものが好まれます。そのため、檀紙や奉書紙、鳥の子などは適当ではなく、文書や包み紙などの雑用の紙に用いる美濃紙が適していると評価されています。障子は、吸湿性や断熱性が高く、室内の温度変化を抑える能力があります。夏は蒸し暑い日本の気候に合った建具だといえましょう。サッシやガラス戸と併用することでさら

1階入側の竹組子の障子。下部の障子はすべて戸袋にしまい込まれる

階入側の木製ガラス戸。この6本のガラス戸もすべて戸袋にしまうことができる

に冷暖房効果を高めることもできます。日光を柔らかく拡散することで、柔らかな均一の光で部屋全体が包まれ、自然な明るさをつくり出します。

このように、縦横の細い桟の線と和紙との構成で生まれる障子の表情は、日本家屋独特のほの暗さの文化や陰翳の美を演出するものとして、日本の建築文化の象徴的な存在でした。現代においても、断熱効果や紫外線の軽減効果などに捨て難いものがあります。自然素材の建具でもあり、窓のカーテンやブラインドに替わるインテリアとして再評価されるべきだと考えています。

昭和六一年の日本建築学会一〇〇周年記念に、TBSラジオ番組「ザ・トークすまい発見」のなかで、司会の森本毅郎が実兄の評論家・森本哲郎（世界各国を歴訪し、文明批評や旅行記、社会評論を発表）と日本家屋について興味ある対話をしています。

「障子で演出する日本の空間についての話」

森本（毅）　ところで、日本式の住宅を特徴づけているものは、何といっても障子だね。建具としては案外面倒くさいものだろう。ちょっとの湿気でひずんでしまったり、和紙を張り変えなきゃならなかったり…。ところが、兄貴はこれを優れた建具の発明だといっているわけだ。

森本（哲）　じっさいすばらしいものだと思うよ。日本人の発明のなかでいちばんすばらしいんじゃないか、とね。とくに明かり障子と言われているもの。明治の初期にたくさんの外国人が日本にやって来たけれど、彼らが一様に絶賛しているのが障子だね。

日本の家というのは、一軒一軒が狭いということもあってか、非常に融通無碍なつくりになっている。自分で空間を演出できるところに、日本の住居空間のすばらしさがあるといってもいい。隣の部屋との間の障子（むかしは襖も障子といっていた）を開ければそのまま一間になっちゃうわけ。閉めれば二部屋になる。

障子というのは、じつにうまくできているよね。特にぼくが感心するのは雪見障子といわれるもの。下側をガラスと和紙の二重にしておいて、和紙の方を上下するだけで、二通りの空間が作れる。外から切り離した室内と、外の景色を一部取り入れた室内と、いうふうにね。

日本人というのは霞とか霧とかそういうものが大好きなようなんだけど、要するに何もかもぼかして、なんていうのかな、はっきりと対決しないわけね。あいまいなのが非常に好きなんだよ。人間関係でもそうだね。日本人がよく使う「まあまあ」っていうことば、あれもそう。外国人に言ってもすんなり通じない。いったい何が「まあまあ」なのか、ということになる。ところが日本人同士なら、だいたいそれでわかってしまう。

そのグラデーションというのかな、徐々に世界が移り変わっていくという日本的な構図は、さっき話した軒とか、障子とかに表れているのね。軒という中間的な空間にぬれ縁があって、その内側に廊下があって、障子があって、という具合に、外の光を好きなように、それとわからないように家の中に導き入れる。本当に障子というのは大発明だとぼくは思うな。

紙一枚じゃ寒いんだろうと思うんだけど、そうじゃないんだね。紙というのは意外に暖かいんだね。きちっと外気を遮断してくれる。そして光と影の調和が何ともいえないね。ぼくなんか子供のころはほとんど病気をしたことはなかったけど、たまに風邪で学校を休んで、冬の日なんかに障子を閉《た》てて寝ていると、庭先をスズメが飛ぶ。その影が障子に映るんだ。じつにいいんだよね。それが。

障子をちょっと開けると、そのぶんだけ光が入るし、閉めればそれだけ閉じられた空間になる。日本の家屋は、その光と影のまことに見事な調和を障子という道具立て一つでもって演出しているわけね。

出典『森本毅郎　住まい面白発見』ＴＢＳラジオ編　丸善

＊１　密庵席　大徳寺の龍光院の書院にある茶室。書院的要素と草庵的要素を互いに融合させながら一つの座席にまとめ上げようとしている点が最大の特徴。小堀遠州の好みと伝えられ、国宝に指定されている。

職人に聞く④　伝統の技法を駆使して数寄屋のデザインを

伊藤孝一（伊藤建具）

――伊藤さんには、樹齢二〇〇年の金山杉で木製建具の製作をお願いしました。

伊藤　舞良戸、框戸、ガラス戸は約四〇箇所で七〇本。明かり障子は約三〇箇所で一〇〇本ほど製作させてもらいました。

――舞良戸や框戸は主に明かり障子やガラス戸の保護として、外部の出入り口に雨戸代わりに使うためにつくってもらいました。また、木目模様の面白さから、便所の引き戸や開き戸にも杉板を使った舞良戸を設計しました。間仕切りの一部にデザインした建具にも杉板を用いました。舞良戸は、框と上桟・下桟による枠組みと鏡板に舞良子という横桟（または竪桟）を取り付けたものです。鏡板は一〇～一二ミリの無垢板なので経年によって反りや歪みなどの狂いが生じやすく、それを舞良子という桟で留めています。

山形県新庄で仕事をする建具職伊藤孝一さん。松隠亭の個々にデザインの異なる約100本の建具を、樹齢200年の金山杉で製作する

伊藤　鏡板は一枚板もありますが、何枚か継ぎ合わせて使います。継ぎ合わせは本実《ほんざね》継ぎです。鏡板が厚い場合の舞良子との継ぎは、舞良子の一部を欠き込んで鏡板に食い込ませた吸付き蟻という仕口で、釘を打たずに留めました。無垢板を用いる場合の技法です。

――　建具に使用した樹齢二〇〇年の杉は非常に木目が詰んでいて、木肌がきれいですね。建具の框や桟や鏡板などの製作で、意匠的にどのようなことに気を遣いましたか。

伊藤　框と上桟・下桟の見付け面は柾目にして、色調を合わせて組みました。鏡板はなるべく幅広の板目を継いで使いましたが、板目の模様に違いがあるので、そのバランスを考えて配列し、外部に面する部分は外側を木表にして使いました。

――柾目の桟を斜めにして板目の鏡板を斜めに張った舞良戸を設計しましたが、製作上、苦労されましたか。

伊藤　このような板戸をつくるのは初めてですが、製作上の問題は特にありませんでした。板目の鏡板を斜めに張りましたが、柾目の板を竪に張ったほうが面白かったかもしれませんね。

――二階洋室の引違い腰付きガラス戸に曲り桟をデザインしましたが、この曲り桟はどのように加工したのですか。

伊藤　板を刳り抜いてつくりました。板目で取ろうか、柾目で取ろうか迷いましたが、結局は柾目を継いで加工しました。柾目の方が継ぎ目が目立ちません。

――水腰障子の組子のデザインをすべて変えています。たいへんでしたでしょう。

伊藤　水腰障子は組子が勝負です。組子の見付けは三～七ミリまでありましたが、緻密に詰んでいる柾目の木目がまっすぐに通っていて非常に加工しやすく、気持ち良く仕事ができました。

伊藤　付子を付けた障子や腰付障子をつくる人はいなくなりましたね。

――腰板には杉の柾目の美しいものを選びました。腰板を横張りにして、付子を付けた摺上げ腰付障子は、八畳の茶室の本席に取り付く障子なので非常に気を遣いました。また、寄り付き六畳の部屋の障子で、浮きづくりの春日杉に横桟を入れた腰高腰付障子も手間がかかりました。

伊藤　入側の突き当たりの障子や欄間障子などに曲面の組子をデザインしました。組子をどのようにカーブさせたのですか。

――原寸で型板をつくり、曲げ加工で何度も試作しながらつくりました。見付け面五ミリでも曲げるのは難しかったので、三枚に割いて薄くして曲げてから張り合わせました。杉板を刳り抜いてつくる方法もあったのですが、組子の見付け面は柾目なので、細い組子の柾目は曲面に沿って通らないし、また、はじけて割れてしまうこともあって、その方法はやめました。

伊藤　柾目が通っていて、それが張り合わせているようには見えませんね。

――これも木目の詰んだいい材料だからできるのです。やはり、金山杉の樹齢二〇〇年の大径木から挽いた柾目はいいですね。

―― 入側の池に面する障子の組子を真竹の皮付きでデザインしました。見付けの面を極力細くつくってほしいとお願いしました。

伊藤 これには参りました。まず、組子の材料である十分に乾燥した真竹がないのです。薬品処理していないものをあちこち探して、ようやく秋田の銘竹屋で見つけました。その真竹を見込み一五ミリに割き、ほぼ六ミリの肉厚の竹を見つけ二ミリに薄く削って皮付きの組子としました。細く加工した竹の竪組子と横組子の継ぎ目が細かい仕事でたいへんでした。何度も試作を繰り返して製作したので、時間もずいぶんかかってしまいました。

―― それはご苦労様でした。おかげで素晴らしいでき映えで、この住宅のハイライトになっています。二階の七畳の書院障子も竪組子を杉で、横組子を竹でデザインしました。

伊藤 これも細かい細工で、初めての仕事でした。竹の節の凸凹をきれいに見せるようにということでしたので、横の竹組子を通して、竹組子を挟み込みました。書院障子の場合、一般に竪は繁組子の竪組子を通すのですが、横組子を優先する特殊な方法にしました。

――これもすばらしい書院障子になりました。ところで皆さん、慣れない仕事で苦情もあったのではないですか。

伊藤 いやいや、うちの職人たちは三〇年以上のベテランばかりですが、このような無垢の良材を使った板戸やガラス戸、特に全部デザインが違う特殊な障子をやらせていただいたのは初めてですから、面白がってやっていましたよ。

――和風住宅を引き立て魅力的なものにするには、障子は欠かせない存在です。いい材料を使い、いい職人によってつくられた幾何学的な模様の障子の組子は、日本人の美意識から生まれたものでしょう。日本の伝統技術としていつまでも大切にしたいですね。

（聞き手／松隠亭　設計者）

襖と表具師の技

一般には畳のある部屋を和室と呼んでいます。しかし、畳が敷いてあるからといって、壁や天井をビニールクロスで仕上げた部屋まで和室と呼ぶのには抵抗があります。私は、畳敷きで天井は板材、壁は土壁でつくられ、障子や襖が使われていて初めて和室といえると考えています。

和室の建具では、入側や縁側に面しているところは障子を用い、和室と他の和室や洋室との間仕切り、押入れには襖が使われていることが一般的でしょう。

和室の仕切りは厚い壁ではなく軽い襖で仕切られているので、隣の部屋にいる人の気配が襖越しに感じられますし、鍵がかかっていないので、指一本で軽く開け閉めすることができます。襖を開け閉めする時は、その間合いや仕草において心配りが必要とされ、正座して開け閉めする日本人の奥床しい所作も生まれました。このことから、作法のあり方について、独特な美学がもたらされてきたのでしょう。プライバシー重視の固く閉ざされたドアをノックして入室する洋室の建具とは大きな違いがあります。

和室はかつて、日本人の作法や立ち振る舞いを育てる場所でもありました。それには、仕切りが障子や襖であることが重要で、必要な要素であったのです。

また、襖は間仕切りの建具の一つであると同時に、室内では視線の高さに存在し、また仕上げの襖紙の意匠によって、部屋の雰囲気を大きく変えるしつらえとなっています。大きな面積を占める襖ですが、唐紙の紋様は落ち着いていて決してうるさくなく、あくまでも室内全体の引き立て役になっています。襖の縁の彩りや軽くふっくらとした和紙の柔らかな風合いは、人の想いをしっとりと包み込み、座して瞑想にふけることができる落ち着いた空間をつくり出しています。雲母《きら》摺りの京唐紙などの紋様が、外からの光によって煌めく風情は、また格別です。心地よい雰囲気をつくり出す襖は、障子とともに和室にとって欠かせない存在といえましょう。

開ければ大広間、閉めれば小室となる日本家屋の襖の仕立ては、住空間を自由に演出する効果的な装置です。このような空間がだんだんなくなっていくということは、日本人の心のゆとりや生活の美学が失われていくということにつながっているような気がします。

襖は建具とはいわずに、単独で「ふすま」と呼ばれることもあります。板戸や障子は建具職人によってつくられますが、襖は経師屋や表具師によってつくられます。昔ながらの「本襖」は、杉の白太材などの骨組みを縦横に組み、その両面に何枚もの和紙を張り重ねて下地材として、その上に仕上げの襖紙を張る伝統的な工法による襖です。これに対して、合板、チップボール、段ボール、発泡プラスチックなどを下地にしたものを「量産襖」といいます。本襖の上物から普及品の量産襖まで、そのグレードは幅広く価格にも相当開きがあります。最近の一般住宅では量産襖がほとんどで、残念なことに本襖の需要は激減してきています。

本襖は、襖骨（下地骨）をつくる骨師、襖縁の指物師や塗師、引手をつくる金物師、襖紙の上張り紙をつくる摺師、襖を仕立てる表具師（経師屋）などのさまざまな職人が関わってつくられます。これらの優れた仕事をまとめて襖に仕立て上げるのが経師屋や表具師の技術とセンスです。

杉の白太材で下地骨をつくり、そこに数種類の和紙で五～七回の下張りを行います。下張りは、紙質や張り方を変えて、幾重にも紙を張り重ねます。張り重ねることによって襖は丈夫になり、ピンと張りつめたなかにもふっくらと柔らかに仕上がっていき、味わいのある「ふすま」になっていきます。こうしてつくられた襖は、吸音効果や断熱効果、調湿効果に優れ、日本の気候風土に適した伝統的な建具になるのです。

襖の仕上げに張る上張りの紙は、本鳥の子、鳥の子、上新鳥の子、新鳥の子などの和紙や葛布、絹布、芭蕉布などの織物があります。襖紙といえば鳥の子で、和紙の代表ともいえる紙です。最上級の「本鳥の子」は、色合いが地鶏の卵の殻の淡黄色に近いことからこの名があります。本来は雁皮紙で、少し赤味がかった落ち着いた光沢があります。一般に「本鳥の子」は手漉き紙であり、機械漉きの「鳥の子」と区別しています。

伝統的な越前手漉き和紙の「本鳥の子」は、時間が経つほどに独特の風合いが出てくるといわれていますが、生産量も少なく非常に高価で、現在はなかなか手に入りにくくなっています。一方、鳥の子の普及品である「上新鳥の子」「新鳥の子」は、パルプと古紙を原料として製紙から模様付けまで一貫して機械生産されています。一般住宅や賃貸住宅に多く使われています。

その他、上張りに使われるのは織物で、植物の繊維を使った葛布や芭蕉布、紬などの絹織物などがありますが、いずれも高価なもので、特殊な好みとして用いられます。

茶室の縁なしの太鼓張り襖には奉書紙が多く使われます。奉書紙は、厳選した楮《こうぞ》を原料とした厚手のふっくらした紙で、天皇や将軍の意向を伝える公文書や命令書として使われていた格の高い紙です。

襖の仕上げに張る紙として特筆すべきものに、「京唐紙」と「江戸唐紙」があります。「京唐紙」は、紋様を彫った版木に雲母または顔料を塗り、地紙を載せて掌でこすって摺り上げたものです。地紙には越前奉書紙や鳥の子紙などの高級な加工原紙を用いるので、量感がありふっくらとした感じに仕上がります。京唐紙の版木の紋様は多種多様で洗練されており、公家好み、茶方好み、武家好み、町屋好みなどがありました。襖に描かれた紋様によっても室内の雰囲気は変わります。

襖には普通「襖縁」を付けます。これは襖の外周を囲って強度を増し、開閉の際に手垢などで襖紙を汚さないようにするためのものです。襖縁はほとんどが木製で、「塗縁」と「生地縁（木地縁）」があります。

「塗縁」は、指物師がつくった縁骨に漆を塗る仕事ですが、細長い縁に均一に漆を塗るのはかなり難しく、熟練の塗り師によって製作されます。塗縁は漆で仕上げた蠟色塗りの艶消し仕上げを本式として、「溜塗」「ウルミ塗」「春慶塗」などがあります。座敷の性格と意匠に合わせて仕上げの縁が選ばれます。漆塗りの代用品として製作されたのが「カシュウ」と呼ばれる襖縁です。現在では、カシュウ塗りの襖縁が最も多く用いられています。

「生地縁」は木の目を生かした襖縁です。縁材として赤杉柾、檜、桑、栗などの木肌がきれいな国産材が選ばれますが、現状ではスプルス、米杉柾などの外材が大半を占めます。

襖縁は部位によって、上縁、下縁、竪縁といい、竪縁の召し合わせ部分に隙間ができないようにしたものを定規縁といいます。定規縁には両定規縁と片定規縁があります。

なお、茶室の茶道口や給仕口には、「太鼓張り襖（坊主襖）」が用いられます。この襖には襖縁は付かず、手掛かりは切引手で納め、特に引手は設けません。切引手とは、襖の紙を骨組みのところで一小間、その上部か下部を切り込んで斜めに張るものです。

上を切り込んだ時には塵落としとなり、下を切り込んだ時には塵受けとなります。

襖の引手は、襖を開け閉めする時に襖紙に直接手が触れて手垢などが付いて汚れないようにする金物です。指を入れて開閉するために取り付けるもので、素材は金属、木、陶器などいろいろで、円形、角形、短冊形、草花を図案化した形など豊富なデザインがあります。鉄やプラスチックなどでつくる普及品は、機械による型押し加工で大量に製造されますが、高級なものは、金具師という職人の手で一つ一つつくられます。

桂離宮の御殿と茶室などの建具に付く引手はそれぞれ形が異なり、多くの装飾が施されたものがふんだんに使われています。なかでも月の字形の引手は有名で、現在でも人気があるといいます。しかし、このような職人の手づくりによる襖引手は、現在では注文がほとんどありません。襖引手をつくる金具師は減少の一途を辿っています。

日本人の住まいには、分野の異なる熟練した職人たちが共同作業した贅沢な襖がありました。桂離宮が日本建築の最高傑作であるといわれる理由の一つに、職人たちの緻密な技がたくさん潜んでいることが挙げられます。
木や紙や糊でつくられる襖や障子は、その軽さ、機能の豊かさ、デザインの美しさにおいて、日本の職人の技術が凝縮されています。このようにしてつくられた住まいは、日本の住まいの象徴であり、決して失ってはいけない日本の文化なのです。
作家・谷崎潤一郎は、唐紙について次のように書いています。

唐紙や和紙の肌理を見ると、そこに一種の暖かみを感じ、心が落ち着くようになる。同じ白いのでも、西洋紙の白さと奉書や白唐紙の白さとは違う。西洋紙の肌は光線を撥ね返すような趣があるが、奉書や唐紙の肌は、柔らかい初雪の面のように、ふっくらと光線を中へ吸い取る。そうして手ざわりがしなやかであり、折っても畳んでも音を立てない。それは木の葉に触れているのと同じようにもの静かで、しっとりしている。

出典『陰翳礼讃』谷崎潤一郎著　中公文庫

職人に聞く⑤　多くの職人仕事によってつくられる本襖

石山達也（松韻堂　石山表具店）

――表具というと掛軸などの表装のことをいいますが、もともとは表装の仕事をしていたのですか。

石山　祖父の代から表装や襖をやっています。掛軸の表装や屛風の仕事は少なくなってきましたね。今はそれらの修理を始め、襖の製作や障子の紙張りを主な仕事としていますが、和室が少なくなると同時に、襖も障子も数が減ってきました。

――確かに日本の住宅は洋風化して、襖を開け閉めする習慣もなくなりましたね。

石山　特に純和風で本襖を仕立てる人はかなり少なくなりました。このたびは本襖のいい仕事をさせていただきました。

――襖は和室の仕切りや押入れに使う建具の一つですが、最近ではいろいろな種類があります。本襖と他の襖ではつくり方がずいぶん違いますね。

石山　いわゆる「本襖」とは、白太の杉材で縦横に骨を組み、その両面に何枚もの和紙を張り重ねて下地をつくり、その上に鳥の子や唐紙などの仕上げ紙を張る伝統的な工法でつくる襖です。これに対して、合板フラッシュや段ボールなどを使った下地のものを「戸襖」「量産襖」と呼んで区別しています。本襖は表具屋でつくりますが、戸襖は建具屋、量産襖は工場加工品です。一般的な住宅では普及品の量産襖がほとんどです。

――表具屋でつくる、下地骨をしっかり入れた本襖がなくなりつつありますね。

石山　今回の襖の下地骨をつくった東京の鈴木木工所では、下地骨をつくる職人の後継者がいないと言っていました。東京には、いい骨の組子をつくれる骨屋が三、四軒ありますが、皆さん高齢で、あと一五年もしたら東京から骨屋や骨師はいなくなるでしょう。

――本襖は、なんといっても襖仕立て、つまり襖の下張りが大事ですね。襖の下張りといえば、永井荷風の戯作『四畳半襖の下張』のなかで、経師屋が襖の下張りにしてある文反古を水刷毛で一枚一枚剝がしながら読んでいく様子を思い起こします。襖の下張りには何枚張るのですか。

石山　下張りにはまず数種類の和紙を使って、骨縛り、胴張り、蓑掛け、蓑縛り、下浮け、上浮けと何層もの和紙を重ねて張ります。骨縛りは下地骨をしっかり固め、骨縛りの補強と胴張りは光を遮断する効果のある黒や紺に染めた染料紙、蓑掛けは下骨の狂いを緩衝するためや空気の層をつくるために二、三枚の層にして縁周りだけ糊付けして浮かせて張ります。蓑縛りは、蓑掛けを固めるために糊をベタ張りにして張ります。また、下浮け、上浮けの層は、和紙を小判にして周りだけ糊を付け湿りを入れながら浮かせて張ります、これは襖にふっくらした膨らみを持たせるためです。特に、上浮けには石州紙などの一〇〇パーセント楮の和紙を使います。そして襖の表張りの鳥の子には雁皮を原料とする場合もあります。伝統的な和紙の原料である雁皮・三椏・楮は弱アルカリ性から中性なので酸化による黄ばみや焼けを防ぐ効果があるからです。このように下張りは全てべったりと糊付けせずに、各層の間に糊付けしない空気層を設けることによって、防音性や吸湿性の高いふっくらとした柔らかい襖の下地にしています。

――普段目につかないところに非常に手の込んだ工夫や細やかな技術があるのです

ね。ところで、襖の表張りは部屋の景色として最も重要なところです。一般には鳥の子紙を張りますが、これも種類がいろいろありますね。

石山　鳥の子紙には「本鳥の子」と「新鳥の子」があり、一般には「本鳥の子」は、伝統的な和紙の原料による手漉き紙のことをいい、機械漉き紙の「新鳥の子」と区別しています。また、一般に多く流通している「新鳥の子」紙は、パルプと古紙を原料にして、製紙から模様付けまで一貫して機械生産されているものをいいます。

――越前産紙では漉き込み模様を入れた鳥の子もありますが、普通、鳥の子紙といえば卵色の無地のものをいいます。伝統的な手漉き紙の本鳥の子は、時間が経つほどに独特の風合いが出てくるようですね。

石山　手漉きの本鳥の子紙は生産者も生産量も少なく、非常に高価なものになっています。

――襖の表張りに唐紙を使うと、部屋の雰囲気が変わります。唐紙は鳥の子紙に版木を用いて模様摺りした紋様がきれいですね。

石山　唐紙の版木は古い版木や新しくつくった版木があり、紋様もいろいろです。

――襖の唐紙、版木の紋様、紙の下地色、摺りの色模様などで襖のデザインが決まります。雲母《きら》に摺った唐紙が外の光を受けて煌めく風情はいいものですね。

石山　そうですね。版木も古いものであれば紋様の線はまろやかに出ますが、新しい版木だと少し線が硬い感じですね。

――襖の引手はどうですか。

石山　引手も、デザインに凝ったものから工場でプレス加工した量産品までピンキリです。今回納めさせていただいた引手は、清水商店のものです。清水商店は吉田五十八先生を始めとする建築家や作家ものを製作していましたが、需要がなくなり四年前に店仕舞いしました。その時に手に入れたものです。

――襖縁もいろいろありますね。

石山　襖縁は檜やヒバ材に漆を塗って仕上げます。漆には「塗り立て仕上げ」と「磨き仕上げ」があり、代表的な黒を始め、朱塗り、潤み塗り、溜め塗りなどさまざまです。また、漆の代用品であるカシュウ塗りもあります。さらに、漆を塗らないままの杉や檜、桑、栗、タモなどの生地仕上げもあります。

――本襖は、下地骨をつくる骨師、襖縁の塗り師、引手製作の金物師、襖紙の紙や摺師などの多くの職人の技術によってつくられますが、それらをコーディネイトするのが表具師とか経師屋さんと呼ばれる職人さんです。デザインのセンスがないとできませんね。

石山　本襖は、いろいろな職人さんたちの技術でつくりますが、しっかりした技術を持った職人が少なくなっています。襖の下地を丁寧につくれば、何十年いや一〇〇年以上は持ちます。非常に残念ですが、今は本襖を求める人がほとんどいなくなってしまいました。

――障子の紙張りも石山さんにお願いして、六畳、七畳、八畳の和室に澤村正さんによる手漉きの本美濃紙を張ってもらいました。

石山　手漉きの和紙は寸法が決まっています。このたびの障子は、紙の寸法に合わせるのではなく、自由に設計された組子のデザインや紙を石垣張りなどにして合わせています。障子紙の枚数も張り手間も余計にかかっていると思います。

――昔は襖も障子も高級な家具同様に扱っていました。引っ越しする時には、こうした建具まで持って引っ越しました。今は何でも使い捨ての時代です。安価なものをつくって、すぐ捨ててしまう。そこには職人技術の尊い文化は育ちません。

石山　日本古来の伝統的ないい仕事をしたいと思いますが、仲間の職人たちが次々に仕事を失っていきます。今はただ、関心のあるお客様との出会いを大切にして、表具への理解を深めていただき、喜んでもらえる仕事に努めていきたいと思っております。

（聞き手／松隠亭　設計者）

第3章

専門技術者に学ぶ

建築の奥深さを伝える数寄屋大工

安島政造（安島）

――安島さんはどこで大工の修行をなされたのですか。

安島　東京の水沢工務店で仕事をしていた金沢義信棟梁のもとで一〇年修行していました。料亭とか数寄屋建築の仕事を多くやらせてもらいました。

――独立されたのはいつですか。

安島　昭和六二年に独立しました。当時は数寄屋建築の仕事などほとんどなく、一般住宅の仕事が多かったです。最近は数寄屋普請の料理屋の内装工事や社寺建築の仕事もやっています。

――一般住宅と数寄屋普請では、大工さんの技術でどこがどう違うのですか。

安島　全く違いますね。まず、使う材料が違います。一般には角に加工した材を使いますが、数寄屋普請では面皮や丸太、竹など製材していない自然のままの材を多く使います。

――在来工法の一般住宅の木材加工は、現在では全てが工場でプレカット加工していますね。

安島　現在の一般住宅は、柱と梁の仕口加工もほとんどが製材工場で行いますので、大工はその部材を現場でプラモデルのように組み立てるだけです。難しい技術はほとんど必要としなくなっています。

――数寄屋建築はそうではないのですね。

安島　柱だけでなく、梁や垂木にも丸太や竹を多く使っていますから。太いのや細いのや、曲がりくねった天然の材をそのままの形で使います。丸ものは工場では加工できないので、現場で鑿や鉋を使って加工します。

――天然の木はそれぞれに個性があり、一本一本に表情がありますね。

安島　その木の特性をどう生かすかが、数寄屋大工の腕の見せどころなのです。木には表情がありますから、木を回しながら、どちらの向きにするかを考えます。また、節があれば節の向きや位置も考えます。特に、台目構えの茶室の中柱には曲がった木を使いますが、曲がり部分の高さの位置や方向が最も大切です。

――茶道の流派によって、曲がった中柱を立てる時に、末と元の芯を垂直に揃える場合とそうしない場合がありますね。

安島　そのため、最初に茶室がどの流派に使われるか聞いておきます。中柱だけでなく、茶道の流派によって納め方の違いがいろいろあります。

――ところで、丸柱に丸太の梁を合わせる仕口の技術は、数寄屋大工でないとできない技術ですね。

安島　丸柱に丸太だけでなく、丸太と丸太を継ぐ場合もあります。丸太の太さはそれぞれ違いますから、これをどう丈夫に納め美しく見せるかという問題があり、その技術が難しいのです。

――太さの違う丸太の仕口が開いていては美しくない。そこをきちっと納めるのですね。

安島　丸太の丸い曲面どうしを合わせる時に、くちひきという定規を使って丸面の形を写し取り、口の形のように削って合わせるのです。仕口には枘《ほぞ》がありますから、その兼ね合いが最も難しい。きちっと合わせることができたら、一人前の数寄屋大工です。

――木は根元に近い方を「元」、梢に近い方を「末」といいますね。柱を立てる時に、元は床面に、末は天井面にして立てることは分かりますが、横材や回り縁の場合はどちらに持っていくかは決まりがあるのですか。

安島　原則的には、元を右側に末を左側に持っていき、反時計回りに回します。元は太いので、右側にあると見た目に安定感があります。しかし、その原則に拘らず、部屋や天井の形を見ながら元をどちらに置いた方がバランスがいいかを、大工の感覚で判断して決めます。それによって木の表情が上品にも下品にもなります。

――それは製材した板でも同じですね。

安島　板の木目をどちら側に置くか、どの面を見せるか、無垢板はいろいろな木目を持っていますから、その扱い方は大工にとって大事な判断です。

――木目の美しさはその生かし方によります。普通の人が見ても気がつかないところに、数寄屋大工の奥義があるようですね。

安島　それが分からないようでは腕のいい大工とはいえません。

――今回、和室八畳の床柱に桐材を用いました。銘木店で買った時は五寸角であったのを、四寸角に落として使いました。鉋で削り落としていくと、いろいろな形の木目が出てきましたね。

安島　削りながらいい木目を引き出すのです。与えられた木をそのまま使うのではなくて、いい木目を探し一番いい表情を見つけ、いい形にして納めるのも、大工仕事の面白さなんです。

——無垢板の板目には必ず木表、木裏があります。使い方にも決まりがあるのですか。

安島　木表には艶があり、木裏は少しガサガサしています。木表は鉋をかけるとより艶が出てくるので、床、壁、天井、部屋内には必ず木表を見せるように張ります。また、無垢板は長い間に反ってきます。木表側は反り、木裏側は木目にささが立ってくる場合があります。将来、反っても大丈夫なように、木表・木裏の性質を考えて使います。

——自然の丸太や無垢材は、新築して五年から一〇年経つと木肌も落ち着き、木質の良さが際立ってきますね。

安島　工業製品と自然素材の違いですね。工業製品は納めた時が一番きれいですが、自然素材は時間が経つほど良くなります。特に木は手をかけてやればやるほど、その味わいがにじみ出てきて美しさが増します。木はずっと生きていますから、手を抜けないんです。

―― 現在の住宅では、天井板に無垢材を使わなくなりました。羽重ね張りの天井もほとんど見なくなりました。

安島 無垢板で羽重ね張りにするには特別の技術が必要になります。

―― 板張り竿縁天井の場合、天井板の小口を見せるような設計はしませんが、羽重ね張りは板を重ねて張るので必ず木羽が見えます。ですから、羽重ね張りはあえて木羽を人に見せるものとするところに特徴があります。

安島 竿縁天井では竿縁の床刺しが禁じられていますから、天井板は床の間と直交する方向に張ります。木羽の美しさを見せるには、どの方向から見てもらうのかという板の張り方の問題があります。また、無垢板は時間が経つと伸び縮みしたり反ったりして変形しますから、木羽の美しさを保つには、天井裏にいろいろな仕掛けが必要なんです。

―― 重ねた板と板の間に隙間ができたり、木羽が歪んで見えたら美しくありません。

安島　そのことを現場用語では「天井が笑う」といいます。天井が笑ってしまったら、大工が笑われたことと同じです。笑われないために、上の板と下の板を留めるには稲子という仕掛けを用います。

――天井板の羽重ねにしても透かした欄間にしても、部屋の空気の流通や湿度調整をするための昔からの工夫です。数寄屋普請にはそれがあります。

安島　天然そのままの素材を使い、伸縮や反りがあることを想定し、歪みを抑える技術が数寄屋普請の大事な仕事なのです。

――使う材料がいいこと、それを生かしたデザインがいいこと、それを生かす大工がいることが数寄屋建築の魅力です。型にはまらない自由なデザインができるところが面白いですね。

安島　松が丘・松隠亭では、各部屋の天井に使う材料やデザインがとにかく多かった。たいへんでした。大工泣かせでした（笑）。

――確かに一般の住宅では、ふだん目に見えないところに贅を凝らしませんね。それに対して数寄屋建築は違います。「数寄屋」とは茶室建築の手法を取り入れた建物ですが、近代数寄屋は「数寄屋建築」「数寄屋風建築」「数寄屋造り」

「数寄屋普請」といわれています。数寄屋は数寄屋大工でないとつくれません。千利休のつくった茶室「待庵」はわずか二畳の茶席のなかに天井は三つの違うデザインが施されています。

安島　床前と点前座は同じ高さで細竹二本の竿縁を入れた野根板の平天井で、それぞれ竿縁の方向を変えています。躙口の上部は垂木に太さの違う二種類の竹を用いた化粧屋根裏の掛込天井ですね。

――平面に仕切りがなくても、天井のデザインの違いがその仕切りを示しています。床前は正客が座るところ、化粧屋根裏天井のところはお連れの席、点前座は亭主がお茶を点てるところなど。一般に点前座は天井を一段低くして亭主のへりくだった姿を表すのですが、利休はそうはしなかった。ここにも利休の凄さを感じます。

安島　一つの部屋の天井の変化も面白いと思いますが、松が丘・松隠亭では部屋ごとの天井の材料やデザインをことごとく変えた設計になっています。大工にとってたいへんな手間が掛かるんですよ。

――それはたいへんご苦労様でした（笑）。和風建築の天井の多様さは茶室の造形からきていると思います。一室の天井のデザインばかりでなく、各室の天井の変化はそれぞれの部屋に個性をもたらします。和室は畳なので、みな同じように見えます。しかし、襖や障子を開けた時、それぞれ別な雰囲気の空間が現れるとしたら、それは天井効果ですよ。和室の善し悪しは天井を見れば分かるといっても過言ではないと思います。

安島　一階の和室八畳と六畳の仕切りの欄間は、一枚板で上部を開けてあり、仕上げの違う天井を透かして見られます。双方の和室に蟻壁を用いて連続性を持たせていますね。その蟻壁長押は杉の磨き丸太で、しかも長押の上部は欄間障子です。三方に回っている丸太長押の線をきれいに見せるために丸太を太鼓落としに加工して納めましたが、これもたいへんでした。

――天井は高いほど高級感があるといわれていますが、私は和室の天井はあまり高くないほうが落ち着きがあっていいと思っています。しかし今回、天井材に重量感のある板を使ったので、天井を少しでも浮かせて天井の圧迫感を防ぎたかった。土壁を丸太長押で一旦縁を切り、その長押と天井の間の蟻壁を白の土壁で仕上げたのもそのためです。

安島　その他、この建物にはいろいろな仕掛けがありますね。屋根の野地板に三〇ミリの無垢の杉板を使いましたが、これは断熱効果を狙ったのですか。

――それもありますが、建築基準法で延焼の恐れのあるところの軒天は不燃材で仕上げなければならないのです。しかし、外壁を土壁にして屋根部分を三〇ミリの野地板を使った防火構造にすればクリアできる。軒板の仕上げに木の化粧板を張ってもいいんです。軒の庇回りを美しくデザインするためです。バルコニーや階段の手摺りには相当苦労されていましたね。

安島　材料づくりがたいへんでした。バルコニーの手摺りは栗の角材を丸型の断面に、しかもアールに削り加工しました。栗の木目の通りを計算に入れて、いかにも曲がっている自然の丸太を選んだようにしました。手摺りを受ける支柱は八角形に加工してボルトで接合しました。階段の手摺りは、杉の磨き丸太の面皮を残して触り心地の良い感触を意識して加工しました。鉄の骨組みにうまく納めるのにずいぶん手間がかかりました。

――随所に大工技術の隠し味がたくさんありますね。

安島　それを味わっていただけるとありがたいです。

――数寄屋普請の見どころや、その味わいの話をしているとキリがありませんね。これからも数寄屋技術の極意を弟子たちに伝えていってほしいと思います。ところで、ご子息は京都の中村外二工務店で修行をされていると伺いましたが。

安島 この数寄屋建築の仕事を請けた時に、一緒にやらないかと誘ったのですが、親父の傍よりも京都の方でもう少し頑張りたいようでした。大工は一生修行ですから、いい仕事が与えられていい仕事ができることが、大工としての幸せなのです。

――技術が高まればいい仕事が来る。いい仕事が来れば仕事が面白くなります。これからもいい仕事を頑張ってください。

（聞き手／松隠亭　設計者）

快適性や健康を支える建築設備技術者

竹仲将児（昭栄電工社）
塗師谷敦（昭栄電工社）
望月文平（富士環境システム）
後迫孝司（多気設備工業）

――快適な住まいには、電気、給排水衛生、空調などの設備の役割が非常に重要です。建築設備を考える時には、環境問題について意識しなければなりません。日本の食料自給率が約四〇パーセントを割っていることは社会問題として知られていますが、日本のエネルギーの自給率がわずか四パーセントということはあまり知られていません。身近なところでエネルギーの需要と供給について関心を持つことは、建築設備を考える上で大切なことだと思います。供給サイドでは太陽光発電というテーマがありますが、エネルギーを消費する需要サイドの対策も必要です。

太陽光発電

竹仲　屋根に太陽光発電を設置するということで、各メーカーの特性、費用対効果などを調べて提案いたしました。また、国や東京都からの補助金などのメリットも最大限利用して施工いたしました。

――太陽光発電については、初期投資の回収が難しいので、設置をためらう人が多いですね。しかしこれからは、住宅を新築する時には、環境問題に貢献するために必要な建築費の一部と考えて設置したらいいのではないでしょうか。原子力発電の後退で、これからの住宅では太陽光発電が必須の材料となります。電気料金はますます上がっていきますから、太陽光発電については、社会的にも個人的にもいろいろな面での利点や価値が出てくると思いますよ。

竹仲　太陽光発電システムに表示モニターが付いています。それを見ると、発電量、消費電力、ＣＯ２削減量などが一目で分かり、一日単位、一カ月単位で確認することができます。このように可視化することで、省エネ意識を向上させることができるのも大きなメリットになっています。

――住宅の屋根だけでなく、メガソーラーシステムとして全国に巨大な太陽光発電計画が進んでいますね。国の政策方針が安定していないなかで、太陽光発電システム全体の寿命についても心配しています。

望月　太陽光発電パネルと機器の寿命の問題もあります。今、販売されている機器はほとんど一〇年保証ばかりですので、それを過ぎた後の故障や不良は自己負担になりますからね。常にモニターに表示されている発電量を見る習慣をつけておいて、先月よりも発電量が少ないなど、いつもと違うと感じたら点検してもらうことが必要です。発電効率が低下した場合は保証内で交換できますから。

竹仲　これからは太陽光を始めとする自然エネルギーをいかに効率よく発電するかを考え、さらに蓄電してエネルギーの地産地消を進めていくことがメインテーマになってくると思われます。

エネルギーの消費を制御

――エネルギーを効率よく利用する技術に、エネルギーの消費を抑制する制御システムやセンサーシステムがあります。

後迫 浴槽や便器にも快適で効率の良い使い方のセンサーなどが付いているなど、設備機器の機能やデザインは日進月歩で進んでいます。自動洗濯乾燥機や炊飯器などの家電製品も次々に新しいものが登場しますが、どれも高性能で省エネがテーマです。

望月 省エネルギーとCO2削減を同時に実現するための手段として「ヒートポンプ」がありますね。ヒートポンプは、石油などの化石燃料を燃焼するのではなく、空気の熱を利用して空調や給湯を行う技術で、エコキュートなどにも利用されています。

後迫 給湯器には、「エコキュート」という愛称で呼ばれている「CO2冷媒ヒートポンプ給湯器」を使いました。空気の熱でお湯を沸かす給湯器です。

望月 これまでの電気温水器はヒーターでお湯を沸かしていましたが、エコキュートは自然冷媒であるCO2（二酸化炭素）を使ったヒートポンプで、大気中の熱を汲み上げ、給湯に必要な熱エネルギーとして利用します。形態としては、ヒートポンプと貯湯ユニット（タンク）から成っています。

後迫 昼間より格安な夜間料金を利用し、効率的なヒートポンプシステムと組み合わせることでランニングコストを低減できます。地球環境保全にも貢献しています。

――温水式床暖房も空気の熱を利用するヒートポンプ方式を使っていますね。

望月 温水式床暖房は、ヒートポンプユニットと呼ばれる室外機で適温の温水をつくり、床下に敷設したパイプの中を温水が循環して暖める仕組みになっています。室外機の組み合わせにより床暖房専用型、エアコン兼用型、給湯兼用型の三種があり、ここでは床面積が広いので、床暖房専用型にしました。

竹仲 電気は季節別時間帯別電灯システムで計画しています。いわゆる東京電力の「電化上手」です。これは、電力量料金を二つの季節と三つの時間帯に分けて設定するものです。季節や時間帯によって料金単価が違うので、本来昼間の時間帯に使う電気をできるだけ夜間や朝晩の時間帯に使うようにすれば、料金は相当安くなります。例えば全自動洗濯乾燥機などの家電製品は、昼間料金の三分の一という夜間料金のメリットを生かして、タイマーなどを活用し夜間に使用するとコストがかかりません。

塗師谷　エコキュート仕様でオール電化の計画ですから、「電化上手」に加入できます。「全電化住宅割引」で電気料金が五パーセント割引になります。

照明の省エネ

――他に電気で、省エネや節電に配慮したのはどこですか。

塗師谷　全てのスイッチにパイロットランプを付けました。スイッチはブロックごとにまとめて付けたので、照明が点いているかどうかはスイッチを見ればわかります。スイッチが赤ならば照明がＯＮ、青であればＯＦＦなので、消し忘れを防ぎ照明のコントロールもしやすく、省エネになります。また、トイレには照明用と換気用のスイッチが付いていますが、換気用のスイッチはタイマー付きで、スイッチがＯＦＦになってもしばらくは換気扇が回るようになっています。

――照明のスイッチプレートに各所のスイッチが並んでいるので、どのスイッチがどの場所か、慣れるまで迷いますけどね。それと、ほとんどの照明はＬＥＤにしたので、これも省エネ効果は大きいと思います。また、間接照明は調光器付きにしました。

竹仲　ＬＥＤ照明は、一日五時間使っても二〇年の寿命があるといわれています。さらに電気代は白熱電球の五分の一で、約八〇パーセントも節約できるといわれています。

――ＬＥＤ照明は電球が切れないというので、階段室のスイッチはセンサー式にして、階段を進むたびに一つ一つ点灯するようにしました。これは一種の遊び心ですが。

塗師谷　その遊び心のためのセンサーの設置が非常にたいへんでした。階段室ですからセンサーの位置が問題です。何度も仮付けし実験して、位置を決めました。

地下水の利用

――地下八〇メートルから地下水を汲み、深井戸水として使えるように計画しました。

後迫 地下水は水温が安定しているので、夏は冷たく冬は温かく感じます。建物の南西に池があり、常時地下水を循環させる計画です。夏は打ち水効果で周囲の温度を下げますから、これも周囲の環境に貢献しているのではないかと思いますね。

――地下水は、大地震などの災害で水道が断水した時の緊急対策にも利用できます。しかし、地下水の環境問題には賛否両論あるので、実際に使いながら今後の研究テーマにしたいと思っています。

望月 地下水を使って節電効果を高める新たな冷暖房システムの研究が、信州大学工学部で進められていると先日の朝日新聞に載っていました。今のところ、消費電力は従来のエアコンの約半分だそうですから、抜群の省エネ効果があるようです。

家全体で冷暖房計画

――住まいを快適にするには設備計画が重要です。特に冷暖房計画が大事です。現在、個室の高気密・高断熱による省エネ対策が注目されていますが、私はその対策が、必ずしも快適な住まいづくりにはなっていないのではないかと思っています。各個室にあるエアコンを必要な時だけ使うのが一般的ですが、これは身体にも良くないし快適とはいえないと思うのです。

望月　暖房でも、人がいる部屋を必要な時間だけ暖める部分間欠暖房が主流ですね。部分間欠暖房にするとトイレや風呂場は寒いままで、家のなかで温度差ができます。そして暖かな居間から寒いトイレや風呂場に移動した時に、急激に血圧が上がったりするヒートショックという症状になることがあります。

――各個室を閉鎖的にして高気密化するよりも、開放的にして風通しの良い住まいの方が快適性は高まり、健康的に暮らすことができます。暖房は床暖房を主とした方がいいと思います。部分暖房や間欠暖房ではなく、居室からトイレや脱衣室、廊下まで全て床暖房にすれば、はるかに健康的で快適でしょう。全館暖

床暖房の施工。居室からトイレや浴室、廊下まで全室温水式床暖房としている。温水式床暖房はヒートポンプユニットと呼ばれる室外機で温水をつくり、床下に敷設した銅管パイプの中を温水が循環して暖める仕組み

房、連続暖房で温度設定を低くして二四時間運転。屋内空間全体に熱を配り、室内温度を常に一定にしておく方式がいいと思います。昼でも夜でもどこでも同じ温度のなかで過ごせるようにしたいですね。

望月　床暖房は、室内の上下の温度分布はほとんど均一で、二〇度前後の快適な室温を

保つことができます。頭寒足熱という暖かさですから人間の体感温度は低くなり、他の暖房に比べて二～三度低く抑えられますし、床面からの輻射熱で暖まる省エネルギー暖房だと思います。この家は外壁が土壁で断熱サッシを使用していますから、外壁面においての断熱性は非常に高く、全館床暖房システムで十分です。ほとんどエアコンを使わなくてすむと思いますよ。部屋ごとの部分暖房や間欠暖房は暖房を止めた途端に温度が下がり、せっかく立ち上げた室温を下げてしまいます。また、冷えきった部屋の暖房を立ち上げる時には大きな負荷がかかります。床暖房の温水を低温にして二四時間止めずに使用した方が、むしろ省エネになると思いますね。

――空気を暖めるのではなく、建物を暖めるのですね。そのために建物の外壁面は高気密・高断熱にする必要があるのですね。さらに外部に面する開口を多く設けておき、夏は屋内を風が抜けていく風通しのいい間取りにする。それが快適で健康な住宅なのでしょう。

機能と意匠の問題

――設備計画において、機器や器具の意匠面での配慮も大事ですね。機能上と意匠上の問題がありますから。特に空調機が気になります。エアコンで苦労するのは、空調機の室内機が壁掛け型か天井から吊る露出型がほとんどだということです。和室や茶室の場合は空調機は室内に露出したくないので、どうしても隠蔽タイプでないと具合が悪いのです。

望月　それをお聞きし、隠蔽型冷暖房機を天井裏に置き、吹き出し口まで特殊加工したダクトを使う方式にしました。天井または壁にスリット状の細い吹き出し口と吸入口の開口を設け、そこにダクトをつなぎました。

――このダクト配管をやれる業者がいませんね。そして、空調機のメンテナンスのための点検口の問題がありますね。二階の和室の天井は竿縁天井でしょう。しかも天井板に杉の枌《へぎ》板を使っているので、点検のための開口をとるのが難しいのです。結局、竿縁を取り外せるようにして、天井板を動かせるようにしました。

望月　和室の部屋にエアコンを設置する場合は、設計者との打ち合わせが大切です。

塗師谷　同様なことが照明器具などの取り付けにもいえます。スイッチプレート、コンセント、ペンダントコード、シーリングカバーのデザインが周囲の壁の色や天井のデザインに合っていること。取り付ける位置がデザインとして見苦しくないことなどについて、意匠的な打ち合わせが必要なんです。例えば竿縁天井の場合、照明器具に付いている一般のシーリングカバーは、細い竿縁からはみ出してしまう場合があります。それに合うようにカバーを加工したり、取り外して別なものを付けたり、コードの色が周りの色に合わなければ替えたりして取り付けました。

――大工さんとの打ち合わせも必要になりますね。

塗師谷　そうなんです。天井から下げる照明器具やブラケットを取り付ける場合は、そこに配線やコードを通す必要がありますが、天井の竿縁や柱や壁には勝手に穴を開けられません。意匠的な配慮から全ては大工さんに開けてもらいます。また、シャンデリアなど重いものを天井に取り付ける場合も、その位置と荷重を示して、天井補強してもらいます。数寄屋大工さんの段取りがよくわからないので、取り付け工事の工程に苦労しました。

――室内の快適さや美しさ、楽しさを効果的に演出するのにも照明計画は重要ですね。シーリング、コードペンダント、シャンデリアなどは時と場合によって簡単に取り替えて使えるようにした方が面白いし、間接照明は調光器が付いている方が楽しめるということで、無理難題をお願いしました。

塗師谷　一般的には天井付き照明は壊れない限り取り替えないという前提で取り付けますが、いつでも取り替えられるようにするには、シーリングコンセントを違ったものにする必要がありました。また、LED照明器具や間接照明器具は各メーカーから出ていますが、それらを配線器具でコントロールするにはそれなりに苦労しました。

後迫　給排水、衛生器具の工事を担当しましたが、設備機器はどんどん進化して、デザイン的にも機能的にも新しいものが開発されています。

――便利ですが、あれは進み過ぎですよ。座ると便座は暖かいし、お尻は自動的に洗ってくれるし、排便が終わると自動的に便器の洗浄までしてくれる。消音便器とか節水機能とか、至れり尽くせりじゃないですか。

後迫　温水洗浄便座付き便器があまり好きではないとおっしゃったので、便座が木製で無機能な骨董的な便器をメーカーに押さえてもらっていたのですが、工期が延びているうちに廃番になりました。結局、今流行の温水洗浄便座付きの便器になりました。

――　聞いた話ですが、あるお坊ちゃんが友だちの家に遊びに行き、大便をしてそれを流さないで出てきた。その家の人は「なんて躾がなっていない子どもだろう」と思ったそうです。お坊ちゃんの家の便器は、自動的にお尻を洗い自動的に流していたのですね（笑）。快適といっても、そこまで進んでしまうとね。自分のお尻は自分で拭いて、後始末をして出る方がいいと思いますが。どうも考えさせられますね。

後迫　最新のシステムキッチンや浴槽なども、使いやすく快適な装置が付いているのが当たり前です。そのような遅れた感覚の人は時代に取り残されますよ（笑）。

――　私は歳がいっていますから、もう十分時代に取り残されていますよ。設備機器は贅沢になると、ますます高価なものになります。お金がいくらあっても足りませんね。

アフターフォローについて

――ところでメンテナンスですが、エコキュートの説明書には「必ず水道法に定められた水質基準に適合した水道水を使用してください。特に、温泉水・地下水・井戸水は使用しないでください」とあります。

後迫 それは、水道水以外の水は水質が安定していないので、ヒートポンプユニットが障害を起こす要因があるから保証しかねるということではないでしょうか。

――水質検査では「飲料水として適合」という判断をしてもらっていますが、常に水質検査をして使用しないと問題が起こりそうですね。地下水を利用している間は、機器の保証はあきらめないといけないのですかね。

後迫 いざという場合に備えて、給水配管はいつでも切り替えられるように、水道水の配管を二重に設置しておきました。また、厨房にも水道水の蛇口を付けました。

――この建物は一〇〇年以上の寿命を想定して設計しています。建物や設備の耐用年数は、使用目的に合わなくなった時、設備的に配管その他が腐食などして使用に耐えられなくなった時、設備機器などが時代に合わなくなった時などが考えられますが、いずれにしても建物を長く維持していくためには、日常のメンテナンスが重要だと思います。一番気にしているのは、各階の床下にある床暖房の温水管です。これがだめになると、全館水浸しになります。大丈夫ですか。

望月　温水管や熱伝導のパネルは銅を使っています。銅は熱伝導効率が高く、防菌作用があります。建物にも健康的な装置です。水道管にも使われている銅管は、鉄や他の金属に触れていない限り半永久的に使えます。ただし、循環水の水質が要注意です。循環水には防錆剤と氷点降下剤が入っています。三年ごとの点検が必要ですね。

——何気なく飲んでいる水や吸っている空気は、人間の身体や建物の健康に大きな影響を与えていることを再確認しました。電気や水の配線・配管は、人間の身体に喩えるのなら神経や血管のようなものです。建物の設備機器は人間の臓器のようなものでしょう。それらが故障したら、人間の身体も建物も機能不全に陥ります。改めて建築設備の重要さを思い知らされました。

後迫　私たちは、設備機能の修理や取り替えが一番早く必要になると判断し、常にメンテナンスしやすい設備計画で仕事をするように心がけています。保守メンテナンスは、いつでも対応できることが務めです。そのためにも設備業者は下請けで仕事をするのではなく、お施主さんの状況がわかるように、じかに仕事を請けるのがいいと思っています。

――そうですね。その方が設備の仕事により責任を持つことになるし、工事にも愛着を持ちますからね。人の健康を常に管理するホームドクターがいるように、設備のアフターフォローにおいても、工事を担当した設備屋さんがいつも看てくれると安心ですね。今回、皆さんは分離発注で仕事をされました。長く住み続けることを考えると、設備工事は分離発注にして、お施主さんとじかに仕事をしてメンテナンスフォローまで責任を持つ、長いつき合いのできる関係がいいですね。

（聞き手／松隠亭　設計者）

周りの環境にも配慮する造園技術者

荒川淳良（岩城）
君塚信人（岩城）
斉木幸太郎（岩城）

――庭についてのコンセプトとして設計側からお願いしたのは、第一に茶室が中心の数寄屋建築なので、全体に茶庭のイメージを大事にすること。次に、公園に隣接した敷地なので、公園と一体感のある植栽計画を考えること。第三に、道路や隣家と接する部分の環境に配慮することでした。

荒川　茶庭が枯山水や回遊式の日本庭園と大きく違う点は、「景色を見る」庭ではなく、「使う」ための庭であるということです。今回、松が丘・松隠亭の庭を設計するにあたり最も配慮したのは、きちんと「使える」庭になっているかどうかです。内露地と外露地があり、露地には飛石を打ち、枝折り戸をつり、蹲踞《つくばい》を据え、燈籠を建てる。これらの作事は全てお茶事で使うための「しつらえ」といえます。

君塚 まず、渡りが大事です。客は露地草履を履いて「延段」や「飛石」を伝って席入りします。利休は「渡り六分、景四分」と言いましたが、織部は「渡り四分、景六分」と言って景を大事にしました。「延段」や「飛石」の形によって景が変わりますね。

―― 一般に飛石の形式が決まっているようですが、少し自由な露地がいいですね。「渡り」には真、行、草がありますが、どちらでいくか相談しました。

君塚 露地のなかは基本的には「草」でしょうね。最初は鞍馬、丹波の石がいいと提案させていただきました。

―― しかし、そんな高価な石は使えません。これからはお年寄りが増えてきますから、なるべく平らな石が良いと考え、他に良い材料はないか提案してもらいました。

荒川 採石場の端材を提案しました。

君塚 岡崎に石切り場があります。そこは御影石を採掘していて、ほとんどが墓石になるのですが、商品になるのが五〜一〇パーセントくらいで後は捨てられています。いい石があるかもしれないと考えました。

——それは面白いと思いましたね。延段のように計算して加工した石を「真」と呼び、川石のように自然に丸みを帯びた石を「草」というのであれば、「行」の石は計算して加工したものでも自然にできた石でもない中途半端な石かもしれないけど、けっこういけるかもしれないと。

斉木　それでは、茶室の露地に合うものを先に行って探してみることにしました。前日からレッカー車を使ってめぼしい石を探しましたよ。

——レッカーを駆使して石切り場を穿っている岩城さんはすごいなぁと思いました。

荒川　庭の設計図を広げて、露地の飛石、蹲踞の前石、手燭石、湯桶石などに使えそうな石を選び出すのは、たいへんでしたが面白かったですね。

君塚　その他、庭の景となる一〇トンばかりの石をトラック二台でこの庭に運び込みました。

——それらの石を露地のあちこちに使いました。あらゆる銘石を並べた庭よりも、捨てて置かれていた石があたかも昔からそこに座っているかのように生き返っていました。どんな石でも生かして使う、さすがベテラン庭師の技術だなぁと感心しました。蹲踞の手水鉢は、樹木を選びに行った時に大船の植木畑に見つけたものです。

荒川　そんなものでいいのかなぁと思いましたよ。立ち手水鉢は大理石を加工してつくりました。本家の京都光雲寺手水鉢には窓形の彫が入っていますが、シンプルな円筒形にしました。地下水が立ち手水鉢から湧いて出て、円い筒から溢れ落ちて池に流れるようにデザインしましたが、実際にその流れを見て、けっこういけてるなぁと自画自賛しています。

――確かに優れものです。いけてますよ。池にはいつも清らかな水が流れていて、暑い夏の陽の光が入側の天井に輝いて反射することを狙いました。池のなかに敷きつめた石はきれいな方がいいと、大小の大理石の玉石にしましたが、こちらはどうでしょうか。効果が出ていますかね。

荒川　どうですかね。大理石は吸水率が高く汚れやすいのが、心配です。水の流れに段差を取り、せせらぎの音が聞こえるようにしましたので、こちらは期待してください。また、池を上の池と下の池と二つに分けて、小さな流れでつなぎました。地下水の汲み上げだけでは水量が足りないので、流れに勢いをつけるための循環ポンプを設けました。水を動かし、遊びとして噴水装置も設けましたので、水と親しんでいただけると思います。

斉木　親水池ですね。魚は飼わない方がいいですね。

上の池と下の池の間に、白い大小の玉石で小川のような細い流れをつくりました。池のなかの玉石は置き石ですが、小川の上流には大きな石、下流には小さな石を配し、自然な川の流れを想定して玉石を造形的に並べたつもりですが、はたしてこれで良かったのでしょうか。

――その作業に熱中している姿は、芸術家が大理石を削って彫刻をつくっているようでしたよ。この造形の良さを理解できるのは「あなた」と「私」しかいないかもしれませんね。流れのところは問題ないが、池の水の動きのないところでは藻が発生するかもしれない。特に地下水なので心配しています。

荒川　夏の水温上昇による藻の発生は、逆にある程度抑制できると思います。

――地下水は水温が一定しているので、池の水を常時流すことによって、夏には打ち水効果があり周りが涼しくなると思いますよ。さらに、東側の植栽部分と西側の池の部分に温度差が出て、室内に風が通り抜けます。開放的な和風住宅のいいところです。

荒川　隣接境の塀に沿って竹を植えました。竹は上方向にすらっと延びるため、狭い空間でも効果的に緑化できます。通路脇なのでボリュームのないナリヒラタケやシホウチクを列植してみました。

君塚　塀があるために、幹である稈にあまり日が当たらないのでちょうどいいと思います。茶室小間の下地窓の前にはホテイチクも植えましたが、生長が早いので、こまめに刈り込みをした方がいいと思います。

――竹が風でそよぐ様子が茶室の下地窓から見える様がとてもいい感じです。

荒川　表の道路から池の上を通って勝手口を過ぎ、さらに茶室小間まで、塀に沿って竹の植え込みがまっすぐに長く続いています。その先に赤松を三本植えました。下の公園から見上げても、なかなかいい景色だと思いますよ。

――松は「松風」の名で、雅号や茶道具の銘としても親しまれています。釜の湯のたぎる音を松風といい、茶室の周りには植えたい木ですね。また、「松月竹風」といって松・月・竹・風にはそれぞれ個性があり、松も竹も月に映え風にそよぐ姿が美しいと思います。

君塚　松も竹も笹も、茶庭があるような和風住宅にはなくてはならないものですね。玄関の通路脇にも笹類のカンチクを植えました。

荒川　内露地の中心にはアオダモも株立ちを選びました。幹が細く、しなやかで木肌がきれいです。アイレベルには葉が少なく、上の方に葉が茂っています。

――　狭い内露地で着物を着た客が飛石を渡り、蹲踞で心身を清め少し緊張して躙口から席入りする。飛石を渡る時に木の枝や葉が着物の袖に当たらないのでいいと思いました。風にそよぎ動く姿が面白い。いい木を選んでもらいました。

君塚　蹲踞は内露地の最も大切なところですね。古びた感じがいいと言われるので、手水鉢は長く野に置かれていたもの、前石と湯桶石は一つの石、手燭石も石切り場から運んだものでごく自然に素朴に並べてみました。

――　何十年も前からそこに存在しているような趣がありますね。内露地の緊張が少し解けるような気がします。

君塚　塵穴を設けましたので、心の塵も払えるでしょう（笑）。

――　外露地は公園と一体になっています。庭は個人の所有にとどまらず、公共の空

荒川　間でもあります。公園と一体的な植栽をすることをテーマにしました。露地回りは常緑樹を多く使うため、季節の変化を感じ取れる落葉樹を適宜植えると庭は一層楽しくなります。モミジやカエデをたくさん入れました。その背後に常緑樹をバランスよく配置することも大事です。

――池のそばの青枝垂れ紅葉、玄関前の出猩々紅葉はいい雰囲気をつくっています。

君塚　樹形の面白さを味わうには株立ちの木がいいですね。高木の株立ちを和風の庭に取り入れると、一段と雰囲気がよくなります。

――常に人の手をかける刈り込んだきれいな庭よりも、野趣に富んだ自然の趣がいい。

君塚　狭い場所に深山の風情を演出するには、いろいろな思考を巡らします。地面に高低差をつくり、大小の石と低木を入れながら、植樹の奥行きを出すようにします。奥には常緑樹、手前には季節を感じられる落葉樹など、見てもらいたい木や後ろで支えてあげたい木などの特性がありますから、わずかでもその木の気持ちになって考えます。

――誘鳥木も欲しい。鳥が集まる環境をつくりたいと思います。

荒川　環境にやさしい庭づくりは人間にもやさしいはずですが、最近は鳥が嫌いだという人も多くて……。

――まさか、ほんとですか。庭は外で楽しむばかりでなく、部屋で聴く鳥のさえずりは季節感があっていいものなのに。また、部屋から見えるそれぞれの景色を意識してつくっている庭もいいですね。窓の障子を額縁にして、庭木の一部を切り取って観る景色も面白いです。

斉木　一階の書院の窓前に大小の紅葉を置きました。小さな紅葉は額に納まります。

荒川　ヤマボウシは上から見る景色が一番いいので、二階のバルコニーの前に植えました。

君塚　春には二階の書院の窓から見る枝垂れ桜がいいですよ。

荒川　寄付きの縁側を通して見る前庭は苔庭にしました。茶事の時、寄付きを出て外露地から内露地に向かう道中、ちょっと落ち着いた気分になれます。

――家と道路の間に塀や垣根を設ける人は多いようですが、塀にしないで樹木を植えた方が周りの環境に対してもいいし、風が通るので家のためにもいいと思います。

荒川　建物の前の沿道にはイチイの木を列植しました。

――私は北海道生まれなのでイチイが好きですね。北海道ではオンコと呼んで、トピアリーに刈り込んだりして楽しんでいます。よく枝分かれした濃緑色の針状の葉は光沢があって美しく、刈り込みしない自然のままの樹形がいいですね。

君塚　この木は高官が使う笏の材料として用いられ、位階の「一位」にちなんで付けられたといわれています。木材は緻密で堅く、細工しやすいので家具や彫刻に使われています。

――木彫りの熊もオンコですよ。木肌と木目がきれいなので、八畳の床框や欄間の一枚板に使いました。

荒川　生長が遅く、あまり肥料を必要としないし、病気をしない木で虫害にも強いので、手のかからない樹木の代表で庭木の優等生といわれています。しかし、本来、寒い場所に生えている木なので、少し心配しています。

――オンコの際に池があり地下水が循環しているので、夏には周りの温度が少し低いのではないかと思っていますが。

荒川　しかし、傍には空調機の室外機があり、暑い時にクーラーを入れると温風が出る。

——オンコのために夏の暑い時にクーラーを入れるのはやめましょう（笑）。

荒川　イチイの木の間にご所望の柿の木を植えました。

——渋柿ではないでしょうね。

荒川　渋柿だったら、甘柿に取り替えます。

——通りに面して柿の木があり、冬になって木守柿の風景がある。楽しみです。近所を散歩している人が、育った田舎を思い出しましたよ、と言ってました。玄関前や玄関脇は車庫や車寄せに使うことが多いのですが、家屋の雰囲気を大切にするなら樹木を植えるのがいいと思いますね。

荒川　市中の山居や山中閑居の雰囲気が欲しいということでしたので、思い切って玄関先を覆うような大きな木を植えることにしました。

——常緑樹でありながら落葉樹のような趣があり、樹形が美しいシマトネリコを所望しました。

荒川　シマトネリコは、観葉植物として使われることも多いのですが、本来は沖縄や台湾などの暖かい山地に自生している木です。

――運ばれてきた木を見てびっくりしました。私がイメージしていたものを超えていましたね。何しろ一〇本以上の株立ちで高さは六メートル以上。山取りの木のようです。

君塚　現場で仮植えしたら、あまりにも存在感が強いので、図面の位置と少し変えて植えました。それに添え植えする「立ち寒椿」と「出猩々紅葉」とのバランスを考えて植えました。

――「立ち寒椿」と「山茶花」はどこが違うのでしょうか。椿とも違うのでしょう。椿は茶花には欠かせないものですが。

荒川　椿は冬から春にかけて咲きますが、山茶花は晩秋から初冬にかけて咲きます。「立ち寒椿」は開花時期は山茶花と同じで、しかも花弁は一枚一枚散ります。名前は椿ですが、山茶花といっても問題ないでしょう。

――他にも区別が難しいものがありますね。例えば「立てば芍薬《しゃくやく》　座れば牡丹《ぼたん》　いずれ菖蒲《あやめ》か杜若《かきつばた》」なんて似ていて区別がつきません。ところで、この立ち寒椿の花の色は何色でしょう。赤ですか白ですか。

斉木　白がご希望と伺いました。申し訳ありませんが、たぶん薄い赤だと思います。

樹形のしっかりした力強く形の良いものを優先しましたので。

―― それにしても建物に接する沿道がたいへんにぎやかになりましたね。北のイチイと南のシマトネリコが並び、柿の木や立ち寒椿も参加しています。

君塚 玄関前の出猩々紅葉は少し土を盛り上げて、通路にかぶるように斜めにして植えてみました。玄関に通じる通路は湾曲して真黒石を畳み、深山の山道を歩いて行く美しい女性の姿をイメージして作庭しました。少々オーバーに言ってしまいましたね（笑）。

―― 木の枝を払いながら畳石を渡って玄関に入る。まさに市中の山居の風情です。

君塚 旅人を迎えるその玄関ですが、仕上げは三和土を信楽焼の陶板を模様にして、現場の土を苦汁《にがり》で何度も木鎚で叩いて固めました。小さな黒石も景色として入れてみました。

―― 三和土の土の風合いと信楽焼の陶板の色のバランスが良く、とても侘びた感じで、いつまでも見ていて飽きませんね。この数寄屋建築の一番の見せ場です。岩城さんは大きな仕事をなさっていながら、このようなちっぽけな茶庭にも全力投球してくださった。仕事を見ていて感じたのですが、常に真摯で皆さんの情熱を感じました。茶道についても良く、心得ています。お互いにこだわりが強く、時々言い合いもしましたけれど、礼節をわきまえていて、施主に対しても朝晩、ちゃんと帽子を取って挨拶されていました。岩城さんにこの庭を託してよかったと思っています。

荒川　それは過分な誉め言葉、お世辞をいただきましてありがとうございます。

――お世辞ではありません。ほんとうにそう思っていますよ。

（聞き手／松隠亭　設計者）

松が丘・松隠亭の建設に関わった人々

各専門業者ごと施主と直接契約で施工する。

意匠設計　創建設計　平野十三春、金子守男
構造設計　川口衞構造設計事務所　川口衞、松井実
施工方式　施工別分離発注方式
現場監督　平野十三春、躯体工事監督　関敏明
躯体工事　八大建設　西山尚之、関敏明
（協力）杭工事　旭化成建材　加戸一禎
（協力）RC工事　宮崎土建　宮崎安弘
（協力）鉄骨工事　島崎工業　島崎勝行
数寄屋大工　安島　安島政造、中村庸輔、小林武美
左官　あじま左官工芸　阿嶋一浩、笹原剛
（協力）斉藤剛史、小沼充、高野幹雄、竹内豊、鈴木隆一

木製建具　材料　金山町森林組合　杉井範之
建具　伊藤建具　伊藤孝一、山本秀治、佐藤章二郎
表具　松韻堂　石山表具店　石山達也
サッシ　フジテックトーヨー住器　三輪勝義、久保俊一郎
金属板金　上島板金工業所　上島貞之
瓦　渡辺瓦店　渡辺智彦
畳　畳工房タイシン　黒田裕史
絨毯・塗装　ビー・エス・シー　阿部等
漆塗装　漆芸　東端唯
石・タイル　飯島石材　飯島康一、鈴木純也、矢島宏一
池・屋上防水　三和産業　小川隆志
空調・床暖房設備　富士環境システム　望月文平、渡辺昭一
給排水・衛生設備　多気設備工業　福島和正、後迫孝司、田中馨
電気・照明設備　昭栄電工社　竹仲将児、塗師谷敦、小野寺竜
太陽光発電　昭栄電工社（協力）長州産業

エレベータ　菱電エレベータ施設　今野秀章
庭園・露地　岩城　荒川淳良、君塚信人、斉木幸太郎、佐藤健作
井戸鑿井　田畑工業所　田畑實
木材　金山町森林組合　岸三郎兵衛、杉井範之
大河原木材　大河原伸介
銘木　木下銘木店　木下博子、立林啓次

庭園協力　中野区役所都市基盤部
企画協力　悠コンサルタント　青木良子
撮影記録　赤城久雄、菊谷省三、山崎俊一

松隠亭の図面

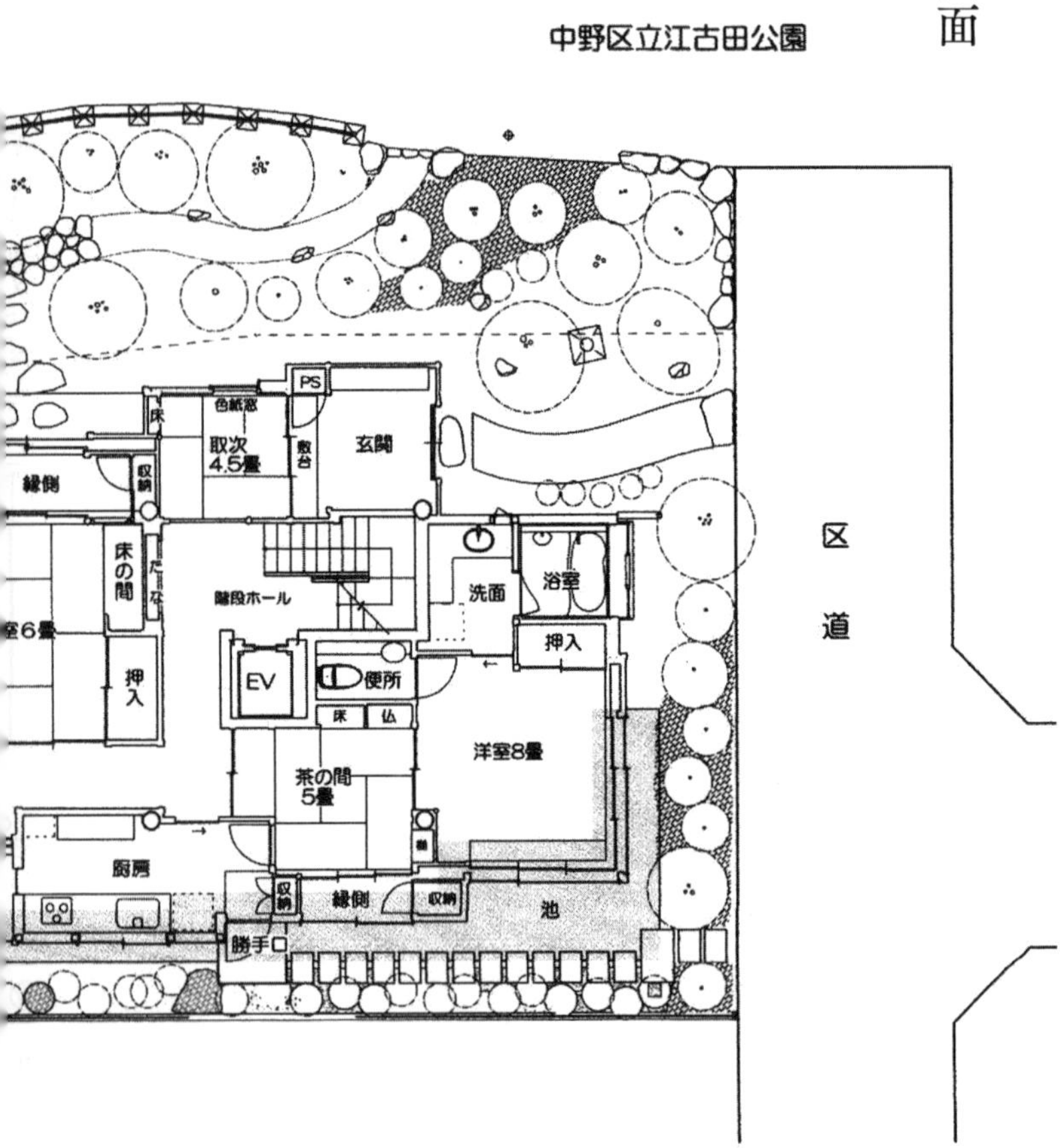

中野区立江古田公園
PS
色紙窓
床
取次
4.5畳
敷台
玄関
収納
縁側
床の間
たな
階段ホール
洗面
浴室
区
道
室6畳
押入
EV
便所
押入
床
仏
洋室8畳
茶の間
5畳
厨房
収納
縁側
収納
池
勝手口

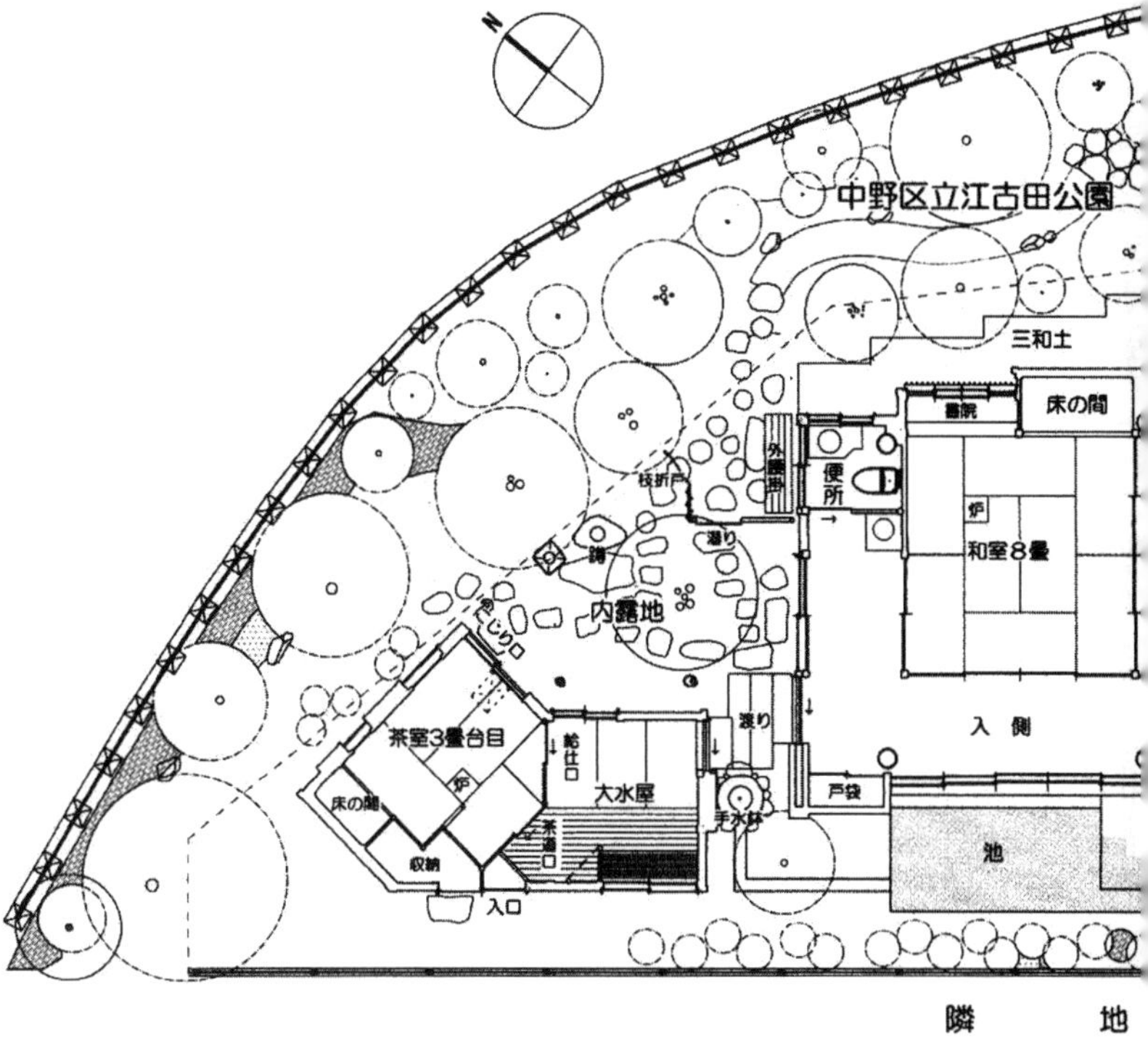

N
中野区立江古田公園
三和土
書院
床の間
外腰掛
便所
枝折戸
炉
和室8畳
蹲
躙り
内露地
にじり口
茶室3畳台目
給仕口
大水屋
入側
床の間
炉
戸袋
手水鉢
茶道口
池
収納
入口
隣地

1階平面図・配置図

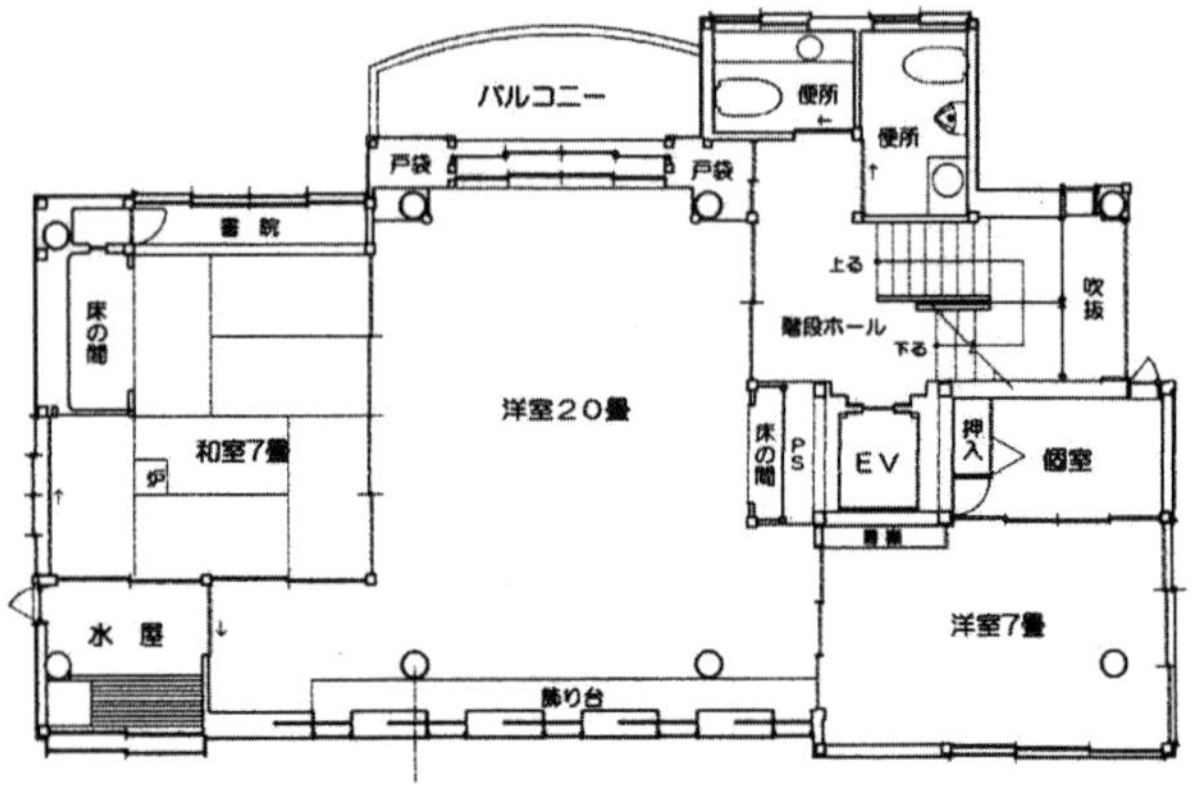

バルコニー
便所
便所
戸袋
戸袋
書院
床の間
上る
階段ホール
下る
吹抜
洋室２０畳
和室7畳
炉
床の間
PS
EV
押入
個室
書籍
水屋
洋室7畳
飾り台

2階平面図

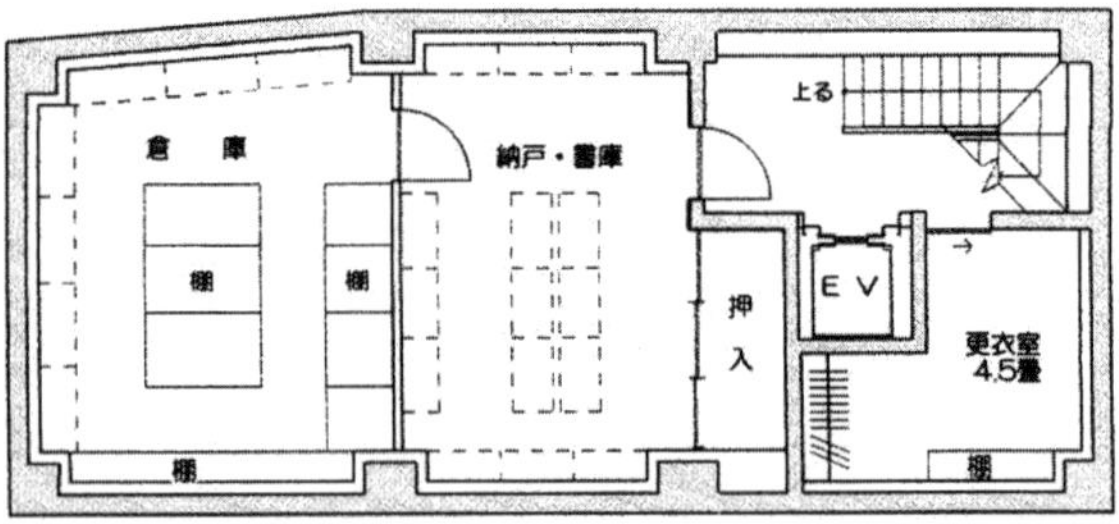

倉庫
棚
棚
棚
納戸・書庫
上る
EV
押入
更衣室
4.5畳
棚

地階平面図

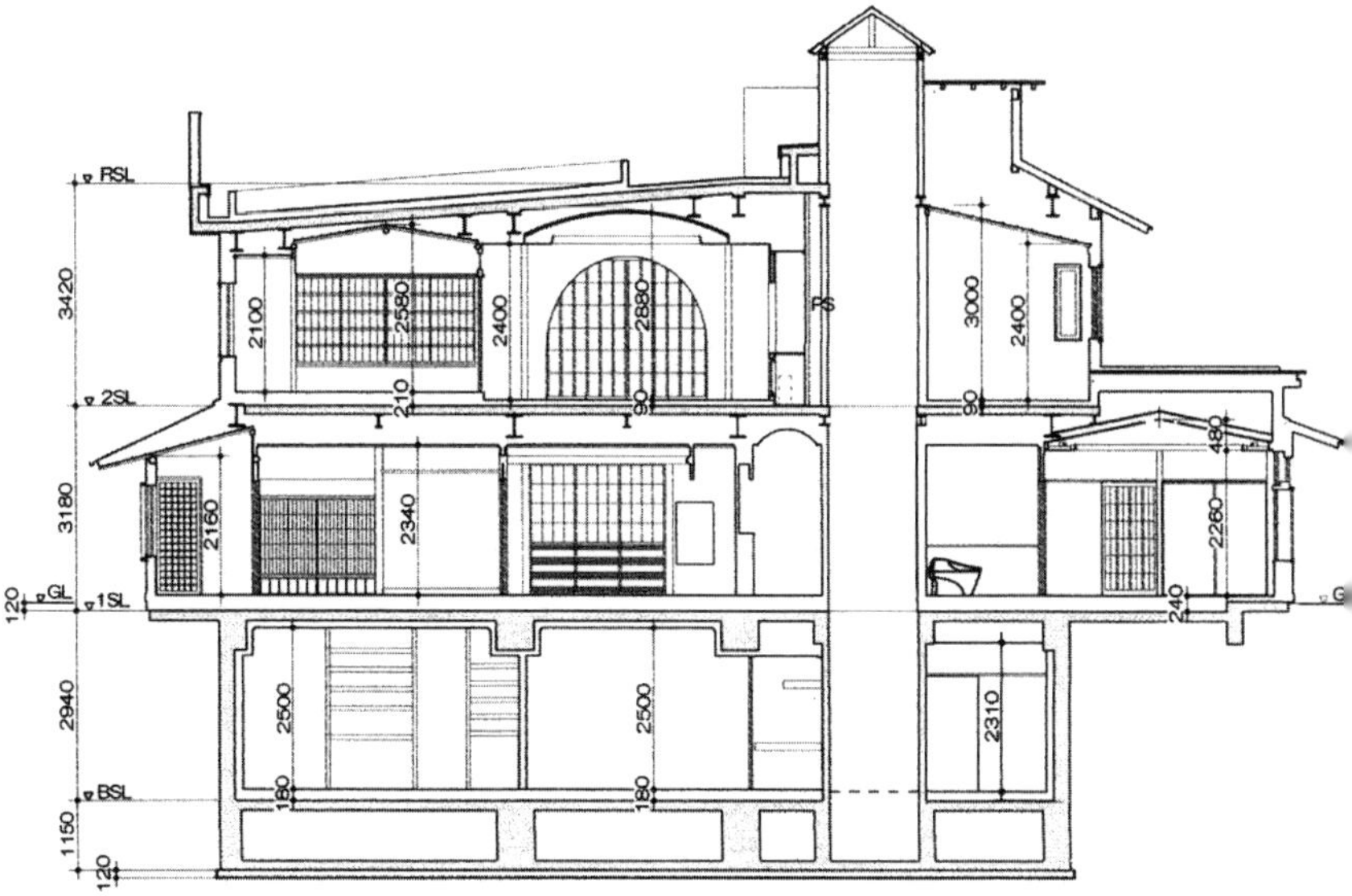
RSL
2SL
GL
1SL
BSL
PS
3420
3180
2940
1150
120
120
2100
2580
2400
2880
3000
2400
210
90
90
2160
2340
480
2260
240
2500
2500
2310
180
180

断面図

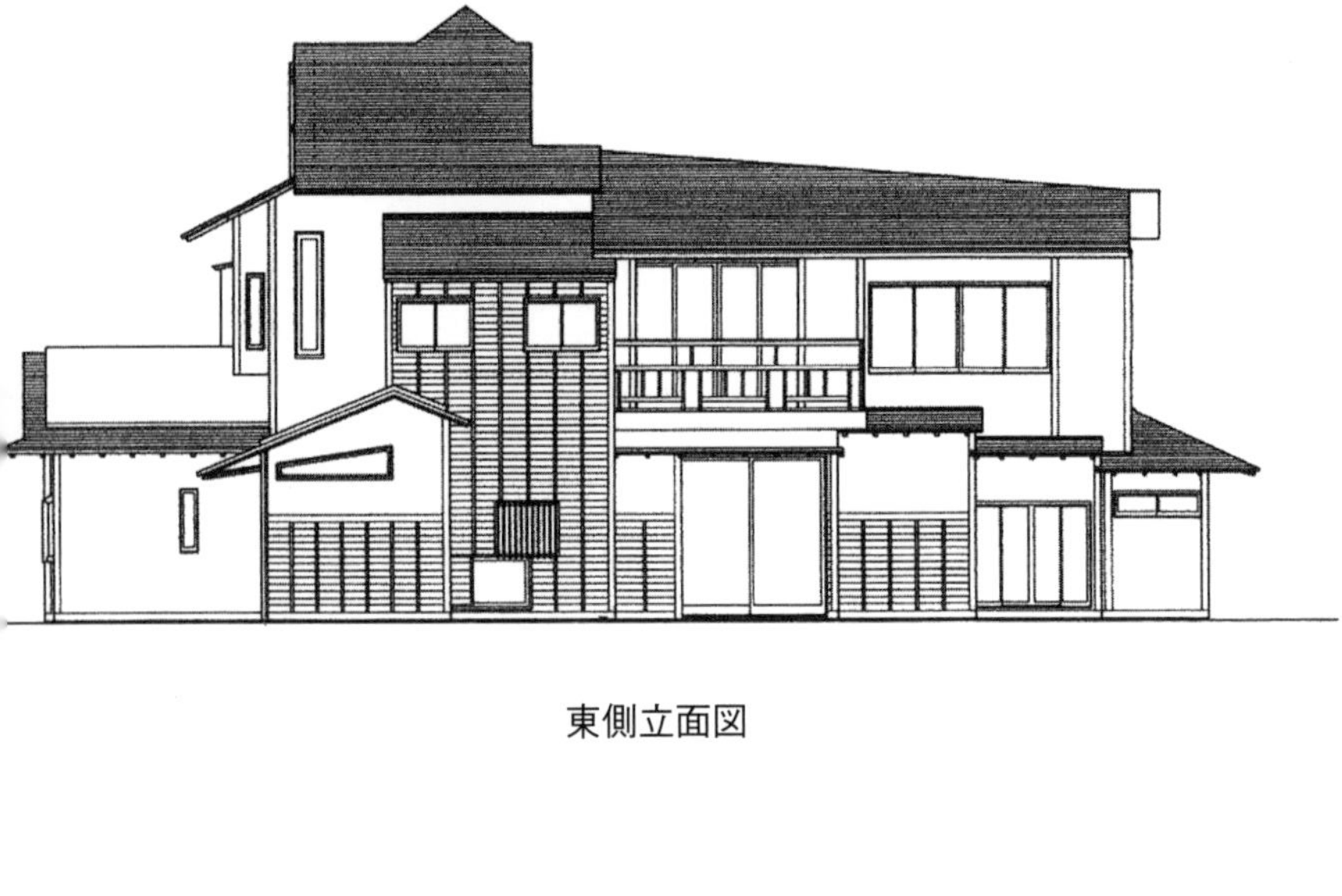

東側立面図

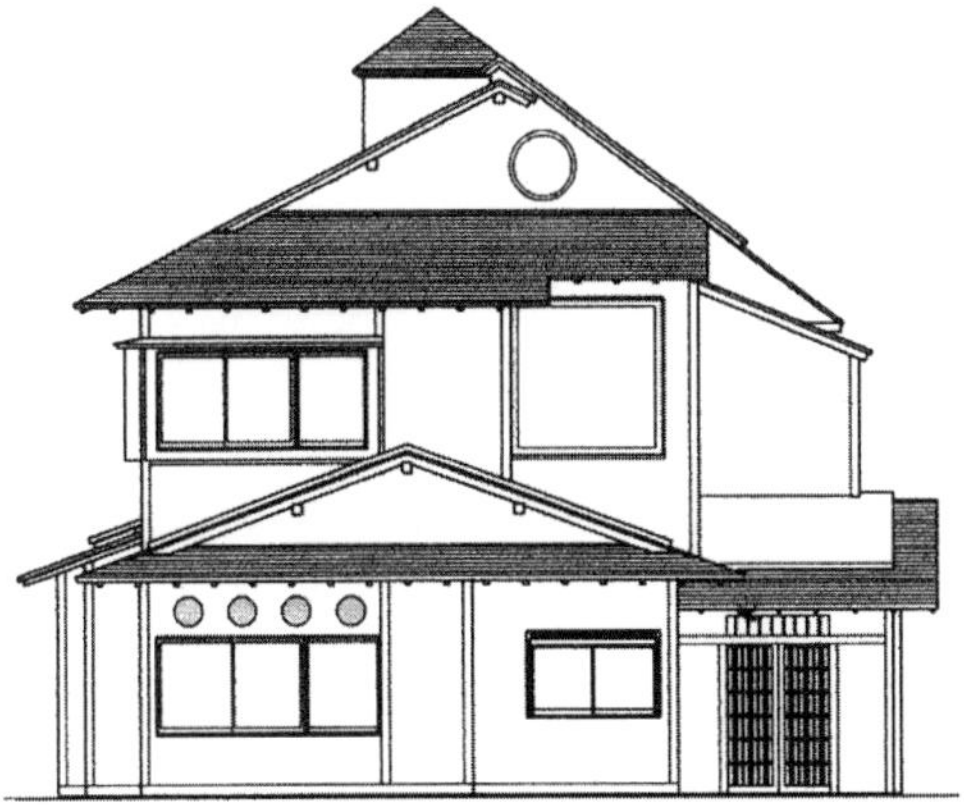

南側立面図

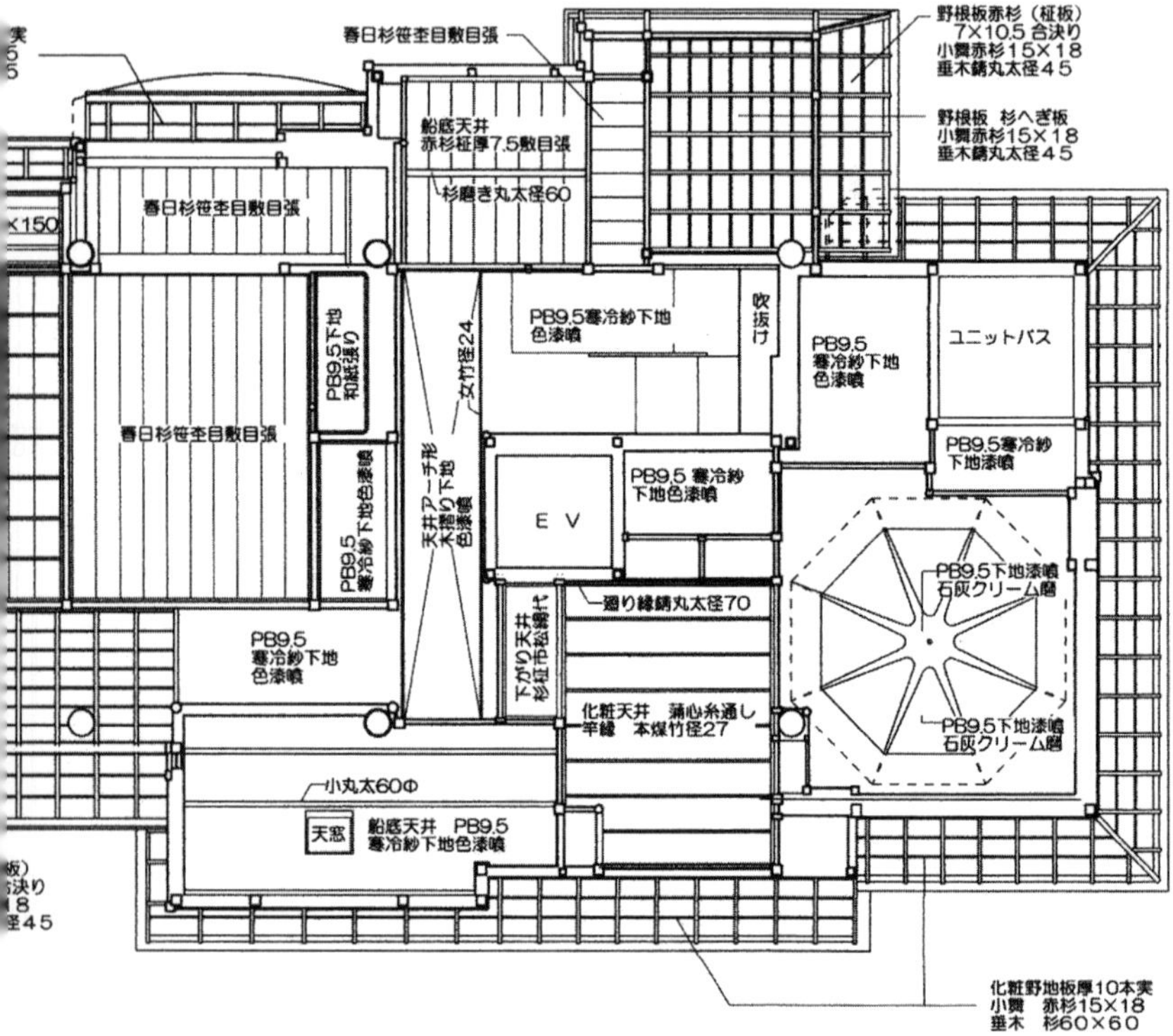
春日杉笹杢目敷目張
野根板赤杉（柾板）
7×10.5 合決り
小舞赤杉15×18
垂木錆丸太径45
船底天井
赤杉柾厚7.5敷目張
野根板　杉へぎ板
小舞赤杉15×18
垂木錆丸太径45
杉磨き丸太径60
春日杉笹杢目敷目張
×150
PB9.5下地
和紙張り
PB9.5寒冷紗下地
色漆喰
吹抜け
PB9.5
寒冷紗下地
色漆喰
ユニットバス
文竹径24
春日杉笹杢目敷目張
PB9.5
寒冷紗下地色漆喰
天井アーチ形
木摺り下地
色漆喰
E V
PB9.5 寒冷紗
下地色漆喰
PB9.5寒冷紗
下地漆喰
PB9.5下地漆喰
石灰クリーム磨
廻り縁錆丸太径70
PB9.5
寒冷紗下地
色漆喰
下がり天井
杉柾市松網代
化粧天井　蒲心糸通し
竿縁　本煤竹径27
PB9.5下地漆喰
石灰クリーム磨
小丸太60Φ
天窓
船底天井　PB9.5
寒冷紗下地色漆喰
化粧野地板厚10本実
小舞　赤杉15×18
垂木　杉60×60

1階広間　天井伏図

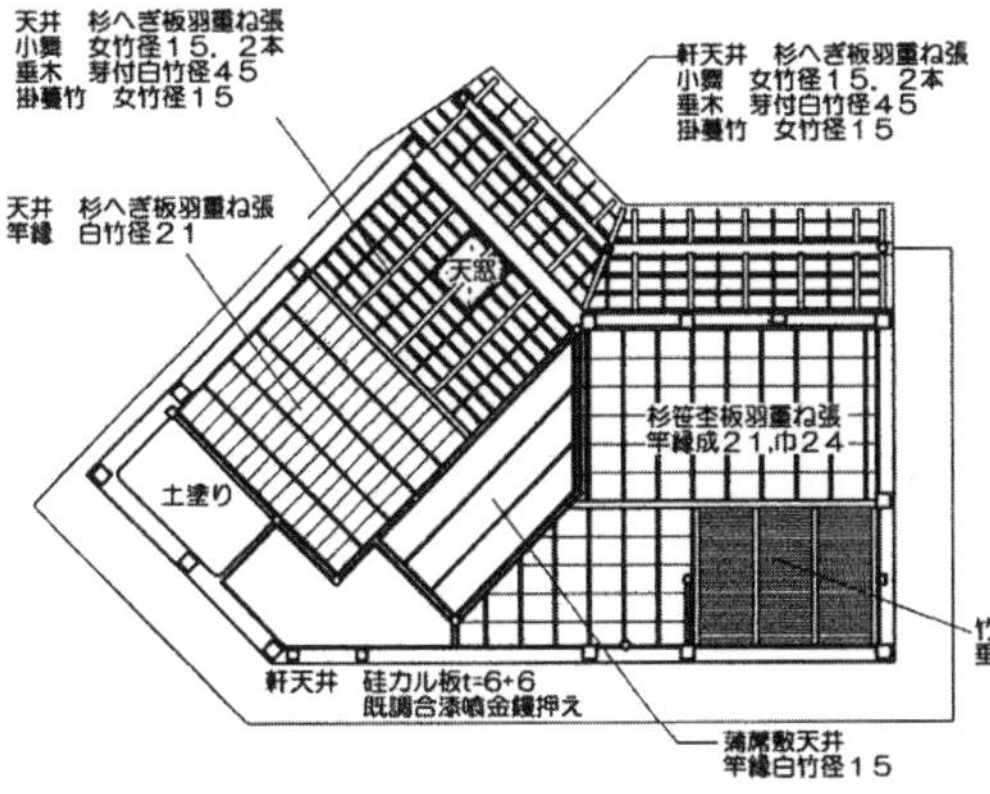
天井　杉へぎ板羽重ね張
小舞　女竹径１５．２本
垂木　芽付白竹径４５
掛蔓竹　女竹径１５
軒天井　杉へぎ板羽重ね張
小舞　女竹径１５．２本
垂木　芽付白竹径４５
掛蔓竹　女竹径１５
天井　杉へぎ板羽重ね張
竿縁　白竹径２１
天窓
杉笹杢板羽重ね張
竿縁成２１,巾２４
土塗り
竹簀の子張天井
垂木皮付小丸太径24
軒天井　硅カル板t=6+6
既調合漆喰金鏝押え
蒲蓆敷天井
竿縁白竹径１５

1階小間　天井伏図

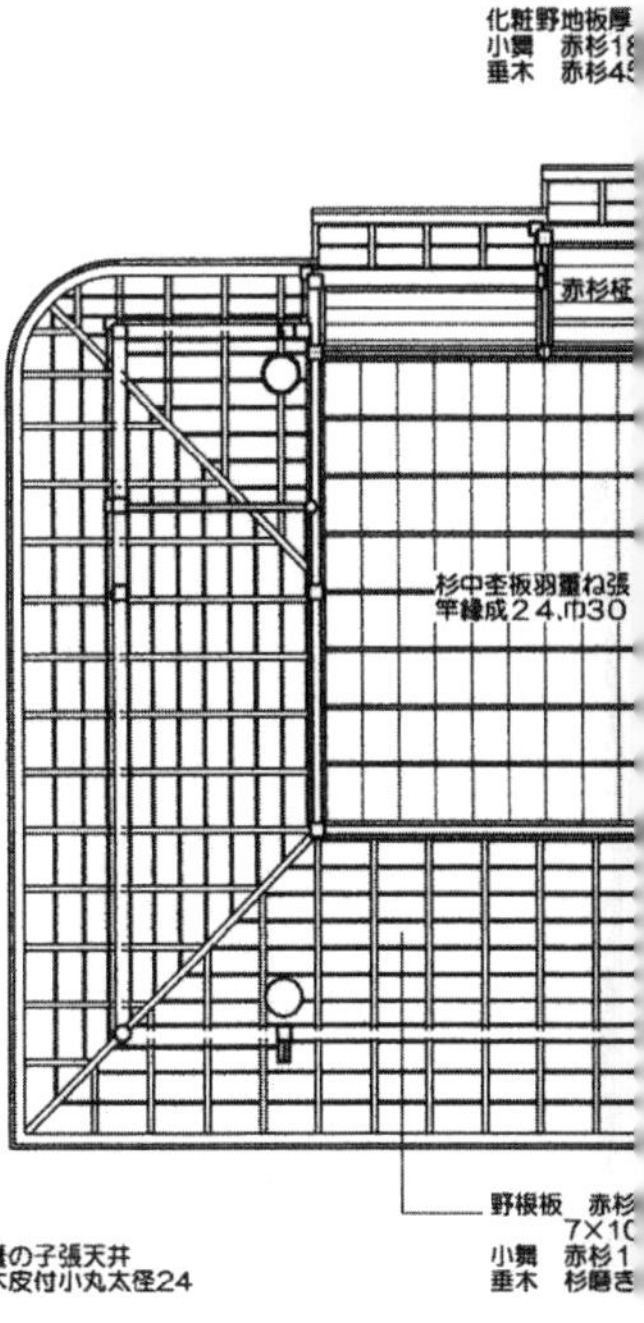
化粧野地板
小舞　赤杉
垂木　赤杉
赤杉
杉中杢板羽重ね張
竿縁成２４,巾30
野根板　赤杉
小舞　赤杉
垂木　杉

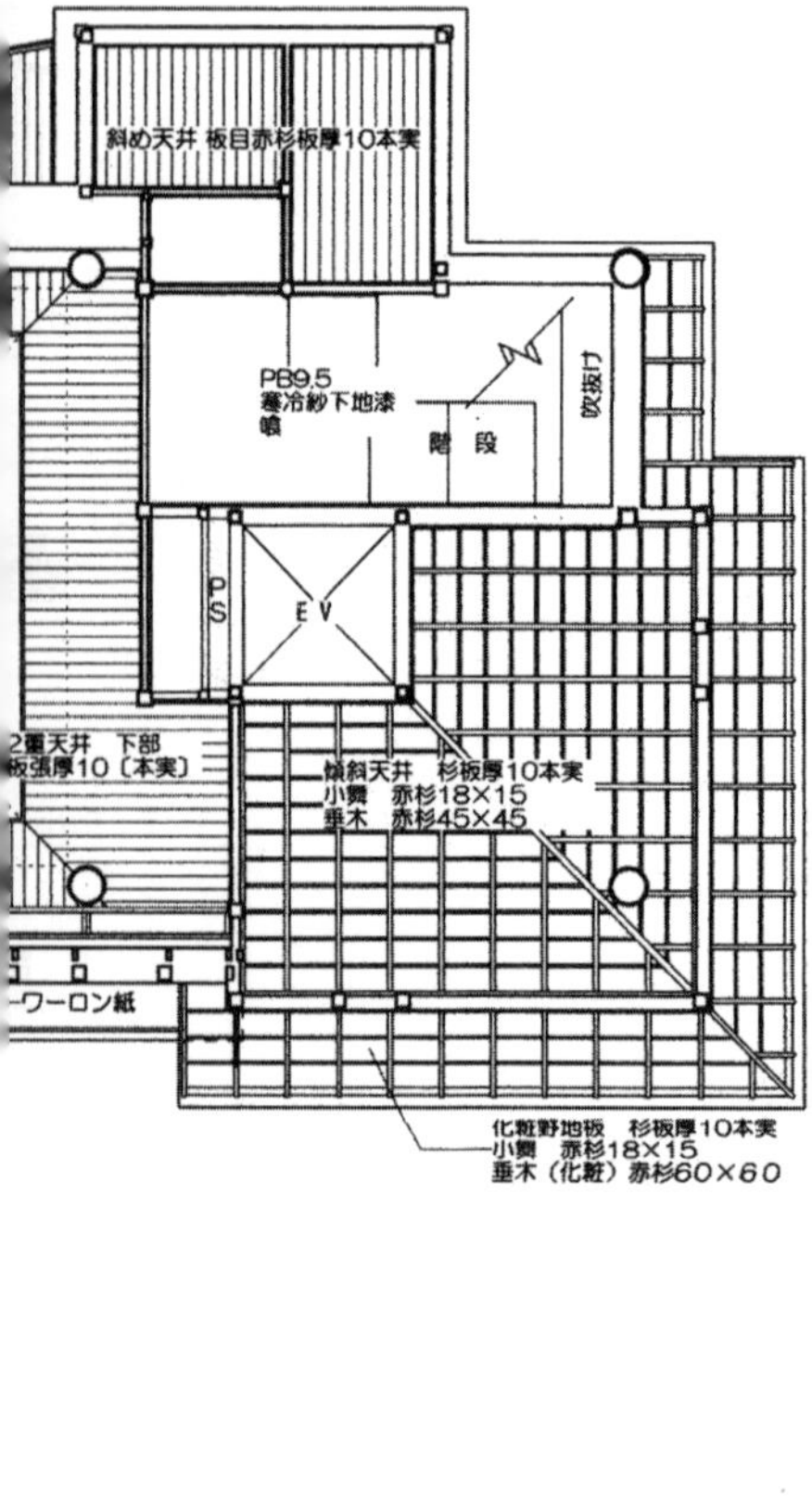
斜め天井 板目赤杉板厚10本実
PB9.5
寒冷紗下地漆
喰
階段
吹抜け
PS
EV
2重天井 下部
板張厚10〔本実〕
傾斜天井 杉板厚10本実
小舞 赤杉18×15
垂木 赤杉45×45
ーワーロン紙
化粧野地板 杉板厚10本実
小舞 赤杉18×15
垂木（化粧）赤杉60×60

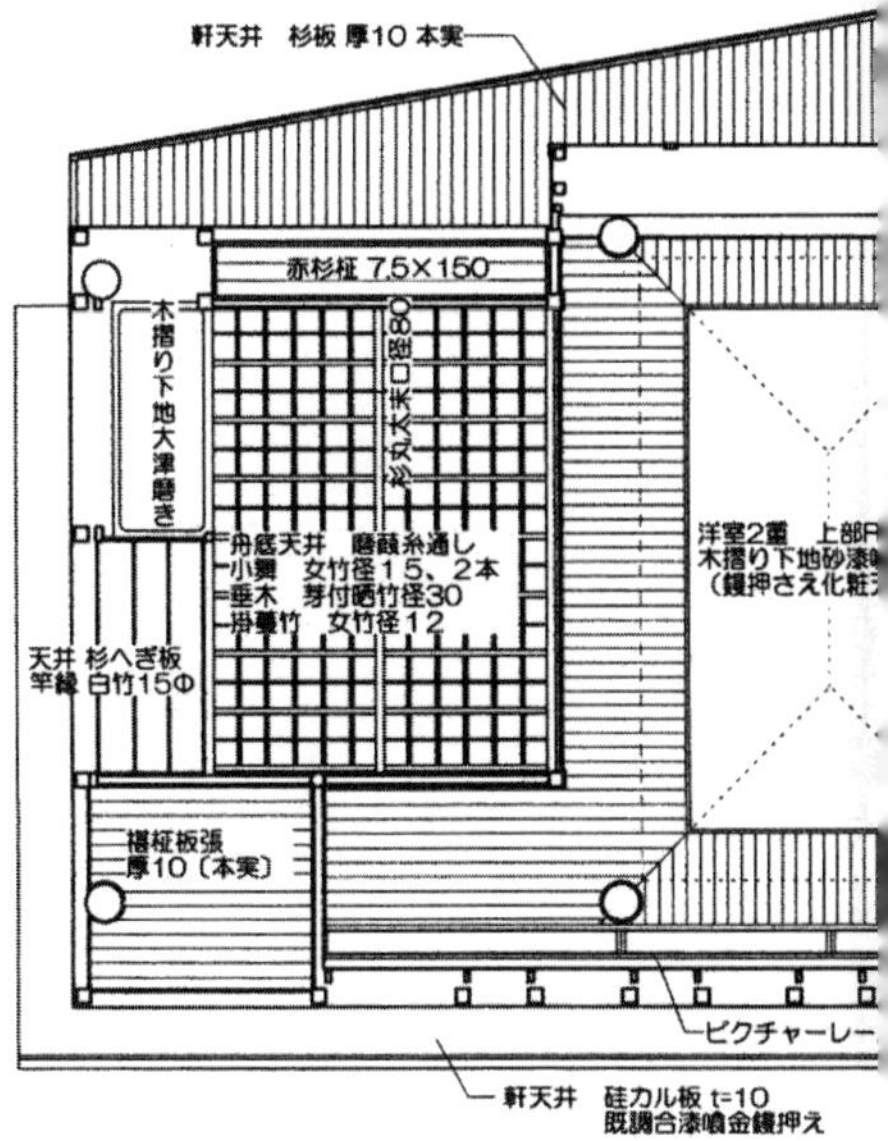
軒天井　杉板 厚10 本実
赤杉柾 7.5×150
木摺り下地大津磨き
杉丸太末口径80
舟底天井　磨蘚糸通し
小舞　女竹径15、2本
垂木　芽付晒竹径30
掛蔓竹　女竹径12
天井 杉へぎ板
竿縁 白竹15Φ
椹柾板張
厚10（本実）
洋室2畳　上部R
木摺り下地砂漆
（鏝押さえ化粧
ピクチャーレー
軒天井　硅カル板 t=10
既調合漆喰金鏝押え

2階天井伏図

おわりに

私たちは戦後のグローバル化や近代化の過程において、住宅の洋風化や核家族化が進み、日本の風土に根付いていた風俗習慣のしきたりや、座敷や茶の間などの日本的なるものの多くを失ってきました。冠婚葬祭のみならず、接客や祭りなどの家庭での行事が外部に代替されていった現象は、まさに共同体の崩壊であったのではないかと思います。

人間の住まいは、鳥のように子育てのための一時期の単なる営巣ではなく、また、一つの家族のためだけの住処でもありません。また、地域や自然とのつながりを無視しては、長期的な住まいとしては成り立たないと思います。

これからの社会では、出来合いの短命な住宅に何千万円もの住宅投資を行うのはとても危険なように思います。現在の低成長時代にあっては、かつての高度成長期時代にあったような住宅投資によるキャピタルゲインは求め難く、むしろ住宅ローンで購入した時点から負の資産を抱えることになりかねないと思うからです。

松が丘「松隠亭」は、一〇〇年以上の何世代にも受け継がれる長持ちする住宅を計画しています。どの世代にも住めば住むほどますます魅力を感じ、豊かな自然を住まいに取り込んだ飽きることのない和の住まいです。それは数寄屋の手法で作られた住まいです。

木材・土壁・銘木・建具などの建築材料は自然素材で、建築資材は施主自ら選んでいます。

大工・左官・建具・表具などの職人においても施主が選定し、施工システムは施工別分離発注方式（専門業者ごと施主と直接契約　268~270頁参照）で行っています。

設計期間は約三年間、施工期間はおおよそ五年間を要しています。じっくり考えて、ゆっくりつくっています。自ら建築現場に参加し、建材選びや職人さんとの対話を大切にしながら造る住まいづくりは楽しいものです。

ともあれ、住宅をつくるということは、施主にとっての一大事業といえます。他人任せにしないで住宅づくりに関心を持ち、自ら積極的に参加して、自分なりの生き方や住み方を表現した、長持ちする住宅をつくることが大切だと考えています。

本書は、数寄屋住宅の具体的な論考として、松が丘「松隠亭」の建築記録として上梓した『数寄屋住宅礼讃』の改訂版です。また『逝きし和の住まい』の出版に際して、数寄屋住宅の一つの建築事例の書として前著の姉妹編として改訂し、著書名を『数寄屋の住まい』として再刊するものです。再刊にあたっては、茶室、照明、縁側、三和土、露地の項目を割愛しました。また、松隠亭は数寄屋住宅といいましても純木造建築ではなく、鉄筋コンクリート、鉄骨造、木造の複合構造で設計しています。この構法により、木造の筋違や耐力壁などの壁面を設ける必要がなく、鉄骨造の大スパンにより内部空間を自由に開放出来ることになります。これにより丸太の柱や梁を意匠材として自由自在に用い、土壁の仕様と相まって数寄屋の空間デザインがより数寄屋の技術により表現できることになりました。

そのことを少しでも理解していただくために設計図（各階平面図、断面図、等）を巻末に加えました。

著者プロフィール

平野 十三春（ひらの とみはる）

昭和13年3月20日、北海道標茶町生まれ。

日本大学理工学部建築科卒。

日本建築家協会会員、建築家。

一級建築士、マンション管理士、宅地建物取引士の資格を持つ。

主な設計に、ライブタウン綱島、松隠亭、小羊チャイルドセンターなどがある。

茶道は遠州流直門直入会で学ぶ。茶名、宗富。

著書に『数寄屋住宅礼讃』（2013年、エクスナレッジ）、『逝きし和の住まい——これからの住まいと住まい方』（2023年、文芸社）がある。

現在、一級建築士事務所㈱創建設計代表、数寄座㈱主宰。

数寄屋の住まい

2023年3月20日　初版第1刷発行

著　者　平野 十三春
発行者　瓜谷 綱延
発行所　株式会社文芸社
〒160-0022　東京都新宿区新宿1－10－1
電話　03-5369-3060（代表）
03-5369-2299（販売）

印刷所　図書印刷株式会社

ISBN978-4-286-29071-3